先生！

上 彰 編
Akira Ikegami

岩波新書
1434

はじめに——それぞれの人にとっての先生

いま思い返すと、小学校の先生には、いろんな人がいたものです。体育の授業の時間になると、いつもお説教で授業を潰《つぶ》していた担任の女性教師。きっと体育の指導が嫌だったのでしょう。

別のクラスには、女子児童の体に触ることで有名な男性教師がいました。いまなら「セクハラ教師」となじられるでしょう。

学級崩壊で授業が成り立たないクラスもありました。学級崩壊など一九六〇年代から起きていたのです。

でも、当時のことを思い返すと、なんとも懐《なつ》かしい。よく酒の臭いをさせていた男性教師は、「前の学校にいられなくなったらしい」と噂《うわさ》されていましたが、生徒への指導にはいつも全力で、生徒から慕われました。

はじめに●池上彰

中学校の体育教師は、授業中に騒ぐ男子生徒に対し、「両手を後ろに組め。足を開け。歯を食いしばれ」と怒声を浴びせた後、激しくビンタを食らわせました。「体罰は禁止されているのではないか」と疑問に思いながら、この光景を見るのは嫌でした。

大人になって振り返ってみると、学校時代の教師たちも、ただの人間でした。でも、児童生徒の立場からすれば、仰ぎ見るべき「先生」だったのです。先生という職業の責任の重さがわかろうというものです。

人間として尊敬すべき人も、唾棄《だき》すべき人物も、学校で教えていれば、子どもたちにとっては、みんな「先生」。学校以外の場所にも「先生」と呼ばれる人たちがいます。

そんな先生たちと交流したり触れ合ったり、衝突したり対立したりしながら、みんな成長してきました。先生たちは、教え子を育てたのか。それとも、子どもたちが勝手に育っていったのか。

高校時代の私は、「先生になりたい」と言って教員養成大学を目指す同級生に対して、違和感を禁じえませんでした。先生になるということは、教え子の人生を左右すること。

そんな恐ろしいことは、私にはできない。こう思っていたからです。テレビに出演し、本を書くようになると、いつしか私のことを「先生」と呼ぶ人が現れるようになりました。自分はそんな人間ではない。気恥ずかしくて、「先生なんて呼ばないでください」と言い続けていました。

ところが、どこをどう間違ったのか。いつしか大学で「先生！」と呼ばれる仕事をするようになってしまいました。

さて、どんなことを教えたらいいのか。ひょっとすると、教え子の人生を左右させてしまうかもしれない責任の重さに胸つぶれる思いです。こんなとき私は、教育の原点とは何かを考えるのです。

考えるきっかけは、テレビ番組の取材で出会ったネパールの子どもたちです。ネパールの貧しい農村地帯では、いまも児童労働が根強く残っています。父親が作った借金返済のため、女子児童が八歳から奉公に出ているのです。

早朝から深夜まで、住み込んだ家の仕事をさせられます。学校に通わせてもらうことはできません。二〇歳近くになっても、読み書きすらできないのです。

そんな児童労働を経験し、二〇代になって初めて学校に通い、読み書きを学んだという女性に会いました。

「字を覚えて、嬉《うれ》しかったことは何でしたか？」

私の問いに、その人は、こう答えました。

「自分の名前を書くことができたことです」

あなたが、自分の名前を書くことができるようになったのは、いつでしたか？　恐らく小学校に上がる直前の頃ではなかったでしょうか。そのときの喜びを、いつしか私たちは忘れていました。

自分の名前を書けること。それは、ここに自分が存在する確かな証拠です。自分が人間であることの証左なのです。

教育とは、自分が自分であること、社会の中の一員であることを認識できる力を身につけてもらうことなのだと私は思うのです。

自分が獲得した言葉を使って、自分を表現すること。それが、現代の日本で「自分の名前を書く」ことでしょう。

ひとりでも多くの若者たちに、「自分の名前を書けるようになってほしい」と私は願っています。

このところ教育をめぐっては、嫌な話題やニュースばかりです。でも、こんなときだからこそ、先生について、みんなで語り合いたい。そんな思いから、この本が編まれました。岩波新書編集部と相談の上、ふだんあまり教育を論じることがなさそうな人にも入っていただくことにしました。その方が、広い視野から教育を考えることができると思ったからです。

お願いしたエッセイの中には、必ず「先生！」という呼びかけの言葉を入れていただくようにもお願いしました。素敵な文章を寄せてくださった方々は、さて、どこに「先生！」の言葉を入れているのでしょうか。

ここには、先生との思い出を綴《つづ》る人がいます。如何《いか》に先生に恵まれなかったかを語る人がいます。現役の先生もいます。

多種多様なつぶやきが重なると、それがハーモニーを奏《かな》でる。そんな交響曲を、どうぞ

はじめに●池上彰

楽しんでいただきたい。ここから、明日の日本の教育への希望のヒントも生まれてくると思うのです。

では、私はどんな風にエッセイをお願いしたのか。私の呼びかけ文を以下に再掲します。

教育現場をめぐっては、このところ心痛む事件が相次いでいます。事件を受けての学校や先生、教育委員会、首長の対応にも首を傾げることが多く、一段と情けない思いが募っています。

こうした状況もひとつの原因なのでしょうが、安倍政権は「教育再生会議」を再開させました。でも、この名称に、私はひっかかるのです。「再生」と銘打つということは、いまの教育が「死んでいる」と決めつけているようにも思えるからです。

それは、本当でしょうか。海外と日本の教育現場を見てきた私からすると、日本の教育レベルは、まだまだ世界に誇っていいことがたくさんあると思うのです。まだまだ日本の教育は死んでいないと思うのです。それは「学力」に関しても同じです。「学力」とは何かを考えることなく、安易に「学力低下」という言葉を使ってほしくないと思ってしまいます。

おっと、思わず悲憤慷慨《ひふんこうがい》してしまいました。

日本の教育が厳しい状況になっていることは確かでしょうが、現場の先生たちの頑張りで、かろうじて高いレベルを維持できているのも事実です。そんな先生への期待が高いがゆえに、先生への批判も高まるのでしょう。先生への批判は、高い期待の裏返しでもあると思うのです。

そんな先生たちを励ます本を世に出したい。これが、私と編集部の共通の認識です。この本のタイトルは『先生！』です。「先生！」と呼びかけるのは、生徒の立場からでしょうか、保護者の立場からでしょうか、同僚の先生の立場からでしょうか、あるいは、自分自身に向かってでしょうか……。

いろんな思いの詰まった本ができれば、こんなにうれしいことはありません。

この本の企画を、編集部は「冒険に出る」と表現しました。きっと、私を編者にしてしまったことが「冒険」なのでしょう。どうせなら、あなたも、この「冒険」に参加してくださいませんか。素敵なエッセイをお待ちしています。

この呼びかけに、それぞれの人が、どう答えたのでしょうか。あなたなら、どう答えるでしょうか。そんなことを考えながら、本文をどうぞ。

池上　彰

先生！

目次

目次

先生！

センセイの最期
…ニッポンでは
かって敬称であった
君、貴方、御前、主
などが
全て
キミ、オマエ、
アナタなど
一般的な呼び方に
変わり
オマエ
キミ
ただ
ひとつ
残った
「先生」
という
敬称も
終わりを
つげよう
と
していた
先生!!
先生って
エライん
だよね
尊敬
しなきゃ
日直
いやー……
先生
先生!!

しりあがり寿（しりあがり・ことぶき） 1958年生．漫画家．作品に『地球防衛家のヒトビト』『ヒゲのOL 藪内笹子』『あの日からのマンガ』他．

西日の渡り廊下で

天野　篤

毎年四月を過ぎると、私の勤務する順天堂大学医学部附属順天堂医院も、初期研修医として、また看護師として入職してくる新人たちを、数多く迎えることになる。初々しい顔つきをして慣れない人同士で並んで歩き、両腕でオリエンテーション用の資料をかかえていることから、すぐにそれと判る。何となく伏し目がちで、私のような者から声をかけられるのを拒んでいるようにも見受けられる。

新人が慣れない環境でもうまくやっていく秘訣《ひけつ》といえば、「挨拶《あいさつ》」なのだろう。動物、特に野生の動物は、外敵から身を守るために眼を光らせ、嗅覚《きゅうかく》や聴覚とともに視覚によって生を得ている。つまり、野生の動物にとって「眼が合う」ことは、視覚に捉えた対象を敵または自分のみに危険を及ぼすものとして映し出すことになるので、そこに「攻撃」という防御反応が生まれるといわれている。一方、人間でも通りすがりに「眼が合う」ことが多いが、人間だけが「言葉を通じて挨拶を交わす」という所作で、「自分はあなたの攻撃対象ではありませんよ」と表現可能なのだ。

通常は挨拶をされればこちらも挨拶して、友好の意を表現するが、どちらも視覚・聴覚に捉えてからほぼ反射的に行うことが肝要で、「挨拶」の極意《ごくい》は「分け隔《へだ》てなく、すぐに」と考えている。新人でも、よく挨拶を交わす人だと認識されれば、日常の業務でも必ず有利になるし、上下関係のみならず患者さんとのコミュニケーションもスムースになるというものである。

さて、医師は大学卒業後に受験する国家試験に合格し、日本国医師免許資格を与えられれば、誰でも○○先生と呼ばれるようになる。一、二カ月前まで学生で、国家試験勉強に取り組んでいる時にはそう呼んでもらえることを夢見て、皆必死で試験合格を目指して頑張ってきた。晴れて医師資格を取得し、いざ先生と呼ばれると、看護師さんからのお小言だろうと、経験不十分でもいてくれさえすればと思われていようと、心が躍り、嬉《うれ》しくも気恥ずかしくも感じたものだ。

このような思いを私がしたのはすでに三〇年も前のことであるが、本当に月日が経つのは早いものである。いつの時代にも「おはようございます」「こんにちは」「お疲れ様でした」があった。

今でも時々思い出す光景がある。母校の日本大学医学部校舎本館と附属板橋病院との間にある渡り廊下のことで、学生時代のこの場所は建物の関係からか冬期になると夕方にはちょうど西日が差して、歩く人の影が長く映し出されていた。学生時代に病院実習で遅くなるとこの西日を浴びることになるのだが、前を歩いて寮に向かう看護師さんや研究棟に向かう先輩医師たちが本当に眩《まぶ》しく見えたし、いつの日か自分も医師となってここを通るんだという目標のようなものになっていた。西日を受けると研究棟側から病院に向かう人の顔が眩しくて確認できず、すれ違いざまに「お疲れ様」と声をかけられて振り向けば、実習中の科の教授だったりしてあわてて挨拶し直すなんてこともあった。

残念ながら私の場合には、卒業後は日本大学を離れて初期研修を行うという結論に至り、いくつかの民間病院を経て現在勤務する順天堂大学まで、その「目標」は達成されていない。あれほど思い焦《こ》がれていたのに、西日を受け後輩たちの憧れの先輩医師として渡り廊下に長い影を映し出すことはなかったのである。もっとも、現在勤務している順天堂大学での手術中心の生活を考えれば、夕方のその時間に病院から研究室に移動するなど想像もつかないことなのだが……。

さて、話を戻そう。学生時代の六年間は様々な出来事があったが、おおむね良き時代だったとの思いが強い。母校、日本大学板橋キャンパスには小さいながらも学生が専有できる空間があり、二年生から加えてもらった硬式テニス部のクラブ活動は五七年間の人生を振り返ってみても、もう一度過ごしてみたい時間の一つである。大学キャンパス周辺でのランニング、時間外の飲食行動など、周辺の住民や商業施設からも理解と支援を得て、一つの学生街を形成していた。大学、附属病院周辺から医学生たる自分たちが期待されていることがヒシヒシと伝わってきたし、通り一遍ではあるが礼節を持って学生生活を謳歌《おうか》していたように思う。

学生時代には自覚していなかったが、いま教育する側に立ってみると日本の医学部における勉強は非常にシンプルだと理解できた。医学部生活六年間で履修《りしゅう》すべきカリキュラムは全国の医学部・医科大学でほぼ共通であり、約二年間の一般教養課程（当時は医学進学課程と称していた)を修了して、いったん医師になるために専門領域の履修(医学専門課程)というスタート台に立てば、入試偏差値に関係なく「よーい、ドン」となる。

そこから学ぶべきは医学であって、受験科目ではない。たとえ医師免許を取得したとしても、医師を続ける限り学び続けなければならない宿命を負う領域に入り、後戻りは許されない。患者さんの生死が自分の手にかかっており、死に至らせないのはもとより、術前よりも機能、生命予後、はては生活の質(QOL)までも改善させるためには、「医師免許」という看板だけでは困難である。

より専門的な知識の習得に経験を加え統合する課程、すなわち「修業」が必要なのである。ここが知識の習得で終わってしまう学生と臨床医との大きな分岐点であり、最近ではエビデンスの検証という過程も加わって、臨床では不可欠な要素である。

「激務」といわれ、一人前になるための道のりが厳しい職種は医師に限ったことではない。例えば日本料理の世界、和食を売りにして出店することは調理師免許さえあれば誰でも可能なはずである。しかし、料理の芸術と称される懐石や京料理の分野となると、走りや旬《しゅん》といった食材の吟味、板場の衛生維持、調理器具に精通し駆使すること、また立ち居振る舞いから献立の記載を行うための書道など、修業内容と到達点は、予想もできないレベルが求められる。

修業を重ねる根拠としては伝統の継承ということもあるが、見え隠れするのは競争である。世代間、同業者間、その他にも最近ではインターネットのグルメサイトでの第三者評価など様々で、「我が道を行く」ではすまされない状況にある。いろいろな職種があろうが、こと外科の臨床医に関しては、一人前を目指すのであれば料理の世界と同様に、修業抜きには患者さんや社会からの評価・信頼は得られないのである。

さて、それでは修業を継続させる最も重要な原動力は何であろうか？　自分自身のこれまでの経験から言えるのは「好きこそものの上手なれ」であり、「仲間を愛し、仲間に愛される」ことである。

実は、西日に照らされ後進たちに憧れられる医師になろうと思う以前、私はすでに三浪していた。麻雀やパチンコのような賭《か》け事《ごと》にもはまった。それはそれで集中力を鍛えてくれたのだが、その曲折(あるいは雌伏《しふく》?)を経て「これだ!」と思った心臓外科の臨床医の道には、「飽きる」ことがなかった。

以来、三〇年。病棟のナースコールで「先生！」と呼ばれ、「何とかして下さい」という意味合いが込められているとき、医師なら誰しも願うよう、呼んでくれた人の心のよりどころになりたいと修業を重ねてきた。

いろいろな患者さんと出会い、六〇〇〇例以上の心臓手術を執刀《しっとう》する機会にも恵まれた。患者さんから教えられた様々な教訓は、どのような教科書にも記載されていない宝物である。後進たちがいつか「先生！」と呼ばれた時に有益な手本となるよう、よき実践を残さなければならない。あの渡り廊下を行き来していた自分を一人前にしてくれた、すべての環境に対して恩返しするためにも、である。

あまの・あつし 一九五五年生。心臓外科医。順天堂大学医学部教授。二〇一二年、天皇陛下の心臓手術を執刀。著書に『一途一心、命をつなぐ』他。

想像力は無限だ

岡野雅行

俺？　俺かい？　俺に先生の話を聞こうったって、そりゃ無理な話だ。俺は勉強なんて大嫌い。学校も先生も嫌で、ほとんどかかわりたくねえと思ってたんだから。

それがいまじゃ、社員四人の金型プレス屋の親父《おやじ》の俺のところに、各地の中学校から修学旅行でわざわざ来て、話を聞かせてくれなんて言うんだから、びっくりしちゃうよ。

誰も作れるわけがないと思っていた、極細の「痛くない注射針」を開発したっていうんで、「なんだこの親父は」ってことになったんだな。糖尿病患者の中には毎日インスリン注射を打たなきゃならない人がいる。蚊《か》に刺された程度にしか感じない注射針を何とか開発したいと、テルモという医療機器メーカーの奴が俺のところに相談に来たのがことの始まり。

聞けば、すでに一〇〇社以上に断られたと言うから、逆に、「よーし、やってやろう」と思ったわけだ。針といえば誰もが中空のパイプとしか考えがなかったものを、発想を変え、板を細く丸める技術で、太さ〇・二ミリ、液が通る穴は〇・〇八ミリという針を完成させた。簡単に言えばこういうことだが、そりゃ何度も何度も失敗したし、時間もかかったよ。

「痛くない注射針」ばかりが有名になってるけど、人と同じ仕事は別に俺がする必要はない。これまでも、人がやれないという仕事をたくさんやってきた。金型づくりとプレス加工の腕が必要なのはもちろんだが、こうすればできるというアイデアがぱーっとひらめくときは最高だね。

俺は昭和八(一九三三)年生まれ。今年で八〇歳だ。実は「お坊っちゃま」育ち。親父は金型職人で、東京・東向島《ひがしむこうじま》に工場を構え、そこそこ儲《もう》けていた。息子を大事に育てようってんで、その時代には珍しく幼稚園に行かせたけど、俺は三日でやめた。「グッドバイ、グッドバイ」なんてお遊戯《ゆうぎ》、つまんなくてやってられるか。だからもう俺から「グッドバイ」だ。親はそりゃがっかりしただろうが、俺には関係ねえや。

学校もあんまり行った気がしねえ。何せ戦争のまっただなかだ。学校へ行っても、一時間目か二時間目かで、空襲の警戒警報が鳴る。するとB29が飛んで来るんだ。防空壕《ぼうくうごう》に入れと言うのを放っておいて、俺は運動場でB29を見ていた。大きな飛行機がダアーッと近づき、飛び去った後には、きれいな飛行機雲だ。その日の学校はそこで終わり。勉強嫌いの俺にとっては「いい時代」だった。

三月一〇日の東京大空襲の時は、向島あたりも火の海。火事が起こると風を呼ぶ。立っていられねえほどの風だ。横へ横へ燃える。俺はやはり防空壕に入らず、火事を見ていた。それで生き残ってるんだから、人の生き死にの分かれ目はわからねえもんだ。

終戦の年は、国民学校の六年生だった。でも、それからも勉強どころじゃない。焼跡《やけあと》の片付けだよ。土の中に焼け残っている電信柱の根元を掘り起こしたり、壊れた水道管を取り出したり。あとで先生が売るんだろうな。学校に行ってもそんな手伝いばかり。だから行かねえよ、ばかばかしい。

国民学校の初等科を卒業すると、あの当時は高等科が二年あった。どんな学校だか最初は見に行った。朝礼では、先生がミカン箱の上に立って、「これからは日本もデモクラシーの時代だ」としゃべっている。「デモクラシー」って聞いても、「どんなうまいもんだ?」っていうレベルだ。食うや食わずの時に、「アメリカのデモクラシー」って立派なもののように言うから、どんなうまい食べ物かと思うのも当然だろ? で、やっぱり、ひと月くらいで辞めちゃった。今で言うと中学中退だ。

それから、俺が何をしてたかって言うと、親父の手伝いもそこそこに、近所にある遊郭《ゆうかく》(と言っても私娼街《ししょうがい》だ)の玉《たま》の井《い》をちょろちょろしていた。店の姐《ねえ》さんのお使いなどで重宝《ちょうほう》がられてたんだ。そこで学んだことも大きいんだが、長い話になるので、それは俺の別の本で読んでほしい。

学校にも行かなかった俺が、もう一つ楽しみにしていた時間がある。日曜日の朝八時から九時まで、NHKラジオで放送していた「音楽の泉」という番組だ。いまでも忘れられねえ、堀内敬三さんの解説。うまかったねえ。それから音楽が流れる。ベートーベン、ショパン、バッハ、チャイコフスキー、ムソルグスキー……。親父もお袋も、俺のことはもうとっくに諦《あきら》めている。俺は部屋で一人ラジオから流れる音楽を聞き、想像をふくらませていた。俺だけの世界だ。

一つ例を挙げよう。サン=サーンスの「死の舞踏《ぶとう》」って曲がある。

ボン、ボン、ボンと、時計の音が鳴り、なだらかなバイオリンから始まる。夜の始まりだ。それを合図に、墓の中から骸骨《がいこつ》が出てくる。バラバラの骨が次第に組み合わさっていくんだ。そして激しく踊り出す。骨と骨とがかち合う音もする。それが音楽から思い浮かぶんだ。

なるほど、すげえなあ、と想像がどんどんふくらんでいく。と、ここで、ニワトリらしき鳴き声。夜明けだ。はっとここで骸骨はおとなしくなる。骨はバラバラになり、墓の中に入って静まる。こういう具合だ。

そこから俺の想像がまた広がった。これは日本でいう「耳《みみ》なし芳一《ほういち》」じゃねえか。

ある晩、寺に一人の武者がやってくる。和尚《おしょう》は不在で、いるのは目の見えない琵琶《びわ》法師《ほうし》芳一だけだ。武者は屋敷で琵琶をひいてくれと芳一に頼み込む。ついて行ってみると、立派な屋敷らしい。そこで芳一は平家物語を琵琶を激しく打ち鳴らしながら語る。芳一は屋敷で大勢の家人に聞かせているつもりだが、実際は墓場で、滅びた平家の幽霊《ゆうれい》たちの中で歌い続けていたという話だ。

「死の舞踏」と「耳なし芳一」、似てるだろう？　誰も西洋のクラッシックと日本の物語を関連づけて言う人はいないけど、俺はラジオを聞きながら、そんな想像をふくらましていたね。クラッシックは想像音楽なんだ。カッコよく言えば、俺の「先生」だったたって言ってもいいかもしれねえな。

いまクラッシックといったら、勉強みたいに思っている子どもも多いんじゃねえか？　それじゃあ想像力は働かねえ。想像は自由なんだ。

俺は、ものを作るときに図面は引かない。図面を引くと図面にしばられる。図面が正しいわけではなくて、俺が作ってるものが正しいんだ。だからいまの子どもたちも、解答の付いている問題集ばかりやってないで、解答のないものに自由に想像をふくらませたらどうだろう。音楽はいいぞ。想像力が無限に広がるから。

修学旅行で、俺のところに中学生がわざわざ訪ねて来る話を最初にした。じゅうぶんなおもてなしもできないから、四、五年前にやめてしまったけど、それまで一〇年以上の間、年に一〇校だけ受け入れていた。

修学旅行では、七、八人のグループごとに、どこへ行きたいか決めるらしい。「私はディズニーランド」「俺はお台場」。だけどなかには、「岡野工業！」って言うヘンな奴がいるんだよ。

そういう子は、実は学校の中では、まわりから「浮いた奴」で、箸《はし》にも棒《ぼう》にも引っかかんない。そういう子が「岡野工業！」なんて言うから、先生はびっくりするんだよ。

優等生は、おおよそディズニーランドかお台場。値打ちのねえところにわざわざ行くんだよ。でも岡野工業って言った子は違う。何でそいつが浮いているかってことだ。先生は見破れないいんだ。

もしもソニーとか松下とか言えば、先生も、「ああ、あの有名な会社か」と納得して訪問先に組んだりする。でも、岡野工業みたいなわけのわからない工場を先生が知ってるわけがない。

で、その子が来たときに、「何で岡野工業に来たんだ?」と聞いてみる。「うちの父親が読んでいた本に、岡野さんの本があって、父親がいない時に読んでみた。本を読んだら絶対行きたくなった」と言うんだ。のっけからすごいことが書いてあった、と。

「俺は、勉強が大嫌いだ!」

それが気に入った。だからぜひ行きたいと思ったと言うんだよ。すごいねえ。こういう子どもが何か違う発想で、新しいものを生むのかもしれねえな。

先生! ちゃんと見ててやってくれよ。

おかの・まさゆき 一九三三年生。向島更正国民学校初等科卒業。岡野工業代表社員。「痛くない注射針」等を開発。著書に『人生は勉強より「世渡り力」だ!』他。

「歌の時間」

稲泉　連

小学生の頃、午前中の授業をときどき利用して、ギターの弾き語りをする少し風変わりな先生がいた。五、六年生のときの担任の教師で、月に何度か思いついたように行われるこの「歌の時間」を、僕はクラスの友達とともに楽しみにしていた。

杉山という名字のその先生は、名字から一字をとって「スギセン」と呼ばれていた。おそらく当時は三〇代の後半くらい、ひょろりと背の高い飄々《ひょうひょう》とした感じの人だった。

彼が「歌の時間」を始めるのは、決まって朝のホームルームが終わったあとだ。チャイムが鳴り、時間割通りに「国語」や「算数」の授業が始まろうとする。僕らは教科書とノートを準備するのだけれど、心の中ではささやかな期待感をいつも持っていた。今日は先生がギターを持って教室に入って来てくれるんじゃないか、勉強なんてつまらないことはやめて、先生が歌を聞かせてくれるんじゃないか——。そう思いながら授業が始まるのを待つ短い時間は、胸の中に今も心地よい記憶として染みついている。

「今日の一時間目は歌にしようか」

そう言って教室に持ち込んだフォークギターを手に取るとき、先生は歌詞の書かれた藁《わら》半紙《ばんし》のプリントを配った。それは主に彼が二〇代の時に流行していた七〇年代のフォークソングで、特に子どもたちから人気があったのは井上陽水の「夢の中へ」だった。

探しものは何ですか？
見つけにくいものですか？
カバンの中もつくえの中も
探したけれど見つからないのに

まだまだ探す気ですか？
それより僕と踊りませんか？

夢の中へ　夢の中へ
行ってみたいと思いませんか？

僕らは先生に歌詞を先導されながら、空で歌えるようになるまで何度も合唱した。受験を控えた友達がいる。普段はあまり喋《しゃべ》らない物静かな女の子がいる。クラスの人気者がいれば、ガキ大将として少し怖がられている子がいる。でも、このときはみんながただ歌う。一度目より二度目、二度目より三度目……と教室が奇妙な一体感に覆《おお》われていく。僕はその雰囲気が好きだった。

歌をうたっていると、普段の授業中に時計ばかりを気にしていたのが嘘《うそ》のように、瞬《また》く間に時間が過ぎ去ってしまう。だから再びチャイムが鳴り、さあ次は勉強の時間だよと言われれば、必ず「スギセン！　もっと歌おう」「先生！　もう一曲！」とクラス中が騒いだ。

当の彼もさすがにそれはマズいと思うのだろう。何しろ歌声は教室の外にも響き渡り、同じ学年の他の担任教師からのクレームもあった。だから、ほとんどの場合は二時間目の授業が始まるのだけれど、ときにはそのまま「歌の時間」が続けられることもあった。そんな日はいつもは長く感じられる学校での一日が、土曜日の昼下がりのように短く感じられるのだった。

　杉山先生の普段の授業は至って真面目で真っ当なものだったが、彼にはもう一つ、他にはないこだわりがあった。それは各科目のテストの採点方法で、どんな答案にも点数というものがなく、大きな赤い丸か花丸が付けられているのである。彼のテストの採点は常にこの「できました」と「良くできました」の二段階評価だった。

　不思議なことに、クラスでは点数がないからといって、児童がテストを適当にやることはなかったように思う。僕自身の思いから言えば、答案に付けられた赤くて大きな丸の持つ意味は、テストを受ける自分がいちばんよく知っていた。たとえ点数が付けられていなくても、懸命に勉強した後の花丸は誇らしく、そうではなかったときはみすぼらしく見える。先生が意図していたかどうかは分からないが、そんなときの丸は少し小さ目に描かれているようにも感じられた。

　今から振り返れば、ずいぶんと思いきったことをしていたものだ。当然、保護者会では親たちから疑問の声があがったらしい。後に母から聞いた話によれば、「なぜ点数を付けてくれないのか」と問い質《ただ》す保護者に対して、杉山先生は「子どもたちは花丸が大好きなんです」と言い放ったという。

「子どもたちに一〇〇点を取らせることなんて、やろうと思えば誰にでも簡単にできるんです。でも、あの子たちはこれから小学校を卒業すれば、ずっと厳しい競争の中を生きていくことになります。せめて今のうちだけでも、そうではない世界に触れさせてあげるべきだと僕は思います」

ただ、こうしたやり取りを交わしながらも、親たちと杉山先生が決定的に対立することはなかったという。何より大人たちにとっても、スギセンはどこか憎めない存在だったからだ。

例えば授業参観の日のことだ。

先生は理科の授業が始まると、僕らを校庭に連れていった。いったい何が始まるのだろうと子どもたちは期待し、大人たちは戸惑《とまど》った。

白っぽい砂の敷き詰められた校庭の広々とした場所に立ち、群がるようにしてついて来る児童たちを集合させると、彼は踊るように一人ひとりを指さして言う。

「君は太陽」

「君は地球」

「君は月になろう」

「それから君は……」

僕らは指示に従い、一人が太陽として立ち、他の者たちは地球や火星、木星そのものになってその周りをぐるぐると走る。

わあわあと大騒ぎをして模擬天体運行をする僕らを、先生は満足そうに見つめていたに違いない。そして、やはり「こんなことをしていていいのか」と懸念《けねん》を覚えていたはずの保護者に向かって、彼は「どうです。これは僕の考えた授業なんです。いいでしょう?」とばかりに胸を張った。「これが僕のクラスの子どもたちです」と自慢するように。

そんな先生の様子を見ると、親たちも子どもがあれほど楽しそうであるならばそれはそれでいいのだろう、という気がしてくるらしい。呆《あき》れながらも何かを言おうとする気持ちが萎《な》えてしまうみたいだった。

クラスの児童たちを授業中に校庭で遊ばせるような授業を、先生はなぜ参観日に限ってわざわざ行なっていたのだろう。彼は「学校」という場所で何を取り繕《つくろ》うこともなく、子どもらしく無邪気に振る舞う子どもたちの姿を親たちに見せようとしていたのだろうか。今ではそんな解釈がいちばんふさわしい気がする。

そのようなとき、スギセンは子どもたちの側の代表として確かにそこにいた。子どもが子どもでいられるたった一度の時間を何よりも大切にしようとした。そうすることで、彼は競争に満ちているだろう「将来」や、ときには親たちからすら、僕らの「子ども時代」を守ろうとしていた。

そして僕にはもう一つ、杉山先生についての思い出がある。

当時、僕のクラスには車椅子の女の子がいた。先生は昼休みの時間になると、体育館で彼女の手を支え、一緒に歩く練習をしていた。ある日、僕は先生に「スギセンにはお昼休みはないの?」と聞いたことがあった。すると、彼はこう言ったのだ。

「彼女は体育の授業をみんなと一緒に受けられないだろう? でも、彼女には体育の授業を受ける権利がある。同じようにみんなには学校で授業を受ける権利があって、僕には教える義務がある。それが僕の仕事なんだ」

後にも先にも、これほどまではっきりと「学校」に自分が通う意味を、教師から教わったことはないように思う。そしてその言葉は、一つの仕事に向き合うときの「大人」の理想的なあり方を示していたようにも感じられる。

それにしても学校での思い出を振り返るとき、三〇代になった自分の胸に呼び起こされる「教師」というものの姿が、杉山先生のことばかりであるのは何故だろう。

これまで教わった教師の中には、授業がユニークな人もいれば、いつも子どもたちを笑わせる人、恐ろしく高圧的な人や暴力的でステレオタイプな体育教師もいた。

しかし、当時の自分が良いと感じていた教師もそうではない教師も、今ではどこか漂白されたように印象が薄まり、記憶の後景に退いてしまっている。そんななか、杉山先生は僕にとって妙に手触りある記憶、ディテールをともなった記憶として残っている数少ない教師の一人だった。

その理由は、彼が「教師とはこのようであるべきだ」という自分なりの考えや信念を、何があろうと貫き通そうとすることに、とりわけ自覚的な人であったからだろう。

杉山先生の日々の学校生活の送り方は、必ずしも正しいと言えるものではなかったかもしれない。常識的に見れば、学校の授業は時間割通りに行われるべきだし、テストの答案は細かく採点されなければならないはずだ。参観日に児童を校庭に連れ出し、走り回るような授業を行う必要もない。大人になってみれば、僕自身もそのように思う。

でも、たとえ親や同僚の教師から何を言われようとも、彼はそれらのやり方を決して変えようとはしなかった。「子どもたちは花丸が大好きなんです」と闘うことで、自らのやり方を守り通そうとした。誰に何を言われようと、たった一人でも前に進み、子どもたちを引き連れて先頭を歩こうとする、教師としての姿勢があった。

あるいはそれは彼が僕らに向けて見せようとした、意図的なメッセージであったのかもしれない、と今では思うことがある。先生は突拍子《とっぴょうし》もない人ではあったけれど、その意味で彼は僕にとって、他のどんな教師よりも教育的な存在であったのだと、二〇年の時を経てあらためて気づかされる。

いないずみ・れん　一九七九年生。ノンフィクション作家。公立高校を一年で中退後、大学入試検定試験を経て、早稲田大学第二文学部入学。著書に『復興の書店』他。

先生がくれた、光

押切もえ

どうしても、忘れられない先生がいます。

私が小学校五年生のときの担任だったT先生。当時、他校から赴任してきたばかりのT先生は、オールバックに整えられたヘアスタイルに、茶色いレンズのサングラスがトレードマーク。シルバーグレーのスーツをビシッと着込み、時々、二日酔いでプ〜ンとお酒臭く、他のクラスの友達からは「あの先生、チンピラ?」なんてこっそり言われていたりして。おおよそ先生らしからぬ、コワモテの男性でした。年の頃は、おそらく四〇代前半だったと記憶していますが、もしかするともう少し若かったのかもしれません。とにかく、それまでの人生で出会ったどの先生よりも強烈なキャラクターの持ち主でした。

と、T先生のことを語る前にまず、私がどんな小学生だったかをお話しさせていただきます。ちょうどT先生と出会った小学五年生の頃から、中学受験を目指し塾に通い始めました。「いろいろ、大変になってきちゃったな」なんて戸惑《とまど》いながら日々を過ごしている、千葉に住むごく普通の女のコ。授業中も、手を挙げたいけれど恥ずかしくて挙げられないから、教壇に立つ先生に熱い視線を送り「私を当ててください……」と念じるのみ。挙手でもしようものなら、ドバーッと汗が出て、緊張して机の上のノートやら鉛筆やらをバタバタと床に落とす始末。今でこそ、雑誌に出たり、テレビに出たり、ファッションショーに出たりと表舞台に立つことを職業としていますが、本来はシャイな性格なのです。

コワモテT先生は、見かけによらず、プリントのたたみ方、掃除の仕方ひとつとっても、かなり丁寧。怒ると相当怖いのですが、いいことをすればみんなの前でちゃんと褒《ほ》めてくれます。T先生は私のことを「押切さん」と呼びました。これは、私だけの特例ではありません。高橋さん、田中さん、大竹さん……と、クラス全員のことをさん付けで呼んでいました。小学生だからといって、ちゃん付けや、あだ名で呼ぶことはありません。そうやって私たちのことを、子どもとしてではなく、ひとりの人間として扱ってくれていたのだと思います。

教室には「一日一日を大切にしよう。二度とない人生だから」と、T先生の達筆な文字で書かれたスローガンが貼り出されていました。「二度とない人生」なんてことを、一一歳の子どもたちに向けて話したところでわかるまいと考えるのが普通なのですが、T先生は違いました。この言葉の意味を、真剣に話してくれました。それがなんだか子どもながらに嬉しかったこと、憶《おぼ》えています。すごく真面目なT先生ですが、「先生も人間だから、失敗もたくさんあるんだよ」と、朝の会ではわざと自分の失敗談をおもしろおかしく話して、笑わせてくれました。T先生の話が聞きたくて、朝の会には絶対に遅刻しないようにと、クラス全体が朝の会に対し、前のめりな気持ちになっていました。

また、T先生には独自のルールがありました。授業中に発表をしたり、いい質問をしたり、よい行いをするたびにパスが一枚発行され、そのパスを五枚集めると「オールマイティパス」に昇格します。「オールマイティパス」は、通常なら怒られる場面でも、これを出せば無罪放免《むざいほうめん》になってしまう、無敵のカードなのです。教室には、自分の「持ちパス数」が貼り出されるので、みんなパスを増やしたくて、授業にも積極的に参加するようになりました。

忘れ物など、ミスをすると持ちパスが減らされてしまうので、もう、必死です。T先生は怒るとめちゃくちゃ怖かったので、どうしても「オールマイティパス」が欲しかったのです。不純な動機ではありましたが……、一枚でも多くパスを集めようと、私も苦手だった挙手を積極的にするようになり、次第にみんなの前で発表することが楽しくなっていました。小学五年生の内気《うちき》だった「押切さん」は、いつのまにか「一番前の席に座って授業を受けたい！」と思うほどに、積極的な少女へと変貌《へんぼう》を遂げていったのです。

T先生との出会いで、もうひとつ、私が克服できたことがあります。

保育園時代にまで遡《さかのぼ》るのですが、お絵かきの時間にたんぽぽの絵を描くことになりました。私は画用紙に向かい、黒いクレヨンで花びらの輪郭《りんかく》を取り、黄色とグリーンで中を塗りつぶした、一本の小さなたんぽぽを描きました。

その後、教室に貼り出されたみんなの絵を見ると、地面から茎《くき》がひしめき合い力強く咲いているたんぽぽ、輪郭など無い黄色くふさふさしたかわいいたんぽぽ……。黒い縁取りのたんぽぽを一本だけ描いた子どもは、私の他にいませんでした。

——私の絵、ポツンとして寂《さび》しそう。

自分でもそう思った矢先、みんなの前で先生が「もえちゃんは、なぜこんな絵を描いたのでしょう？」と言いました。今となっては他愛《たわい》のないことですが、幼かった私はそのひと言に深く傷つき、それ以来、自分の絵はなんてダメなんだ……ってずっと思ってきました。「絵を描くことが怖い」って。

そんな私が、今も趣味で油絵を続けているのは、間違いなくT先生のおかげです。

小学五年生の図工の授業で「ホルンを吹く友人」というタイトルの絵を描くことになり、赤×白のボーダーの服を着たクラスメートがホルンを吹いている様子をスケッチしました。赤と白だけではなく、茶色を混ぜてボーダーを立体的に見せたり、黄色く塗ったホルンにグリーンの影をつけてみたり。「チューブの絵の具をそのまま使わない」「空の色はブルーじゃない。森の色もグリーンじゃない。よく見てみなさい」「失敗を恐れず描きなさい」が口癖だったT先生は、私の絵をとてもおもしろがり、褒めてくれました。そうして、小学五年生になって初めて、県の美術展に出品され、賞状をもらうことができました。これにより私は自信を取り戻し、絵を描くことの楽しさに目覚めたのです。

保育園時代の苦い経験もあり、T先生に出会うまでの私は、とにかく否定されることが怖かったんだと思います。でもT先生はどんな答えも、表現も、おもしろいと言ってくれて、いいところを見つけてくれる。けっして子どもを否定することはありませんでした。子どもが何に怯《おび》えて、何に傷つき、何に喜び、何を楽しいと思うかを理解し、私たちと日々向き合ってくれていたのですね。

先生から見たら「大勢いるクラスの子どもたちの中のひとり」なのかもしれないですが、子どもにとっての「先生！」は、唯一無二《ゆいいつむに》の存在。先生がかけてくれた言葉や、教えてくれたことがその後の人生に及ぼす影響は、先生が思っている以上に大きいものです。また、たったひとりでも、いい先生に出会えると、その後の人生の出会いにも期待できるようになるのかもしれません。私にとってのT先生がそうだったように。

近年ニュースで報道される、先生の不祥事《ふしょうじ》。首をかしげたくなるような事件も多いですが、すべてが先生だけの責任なのでしょうか。先生が生徒に気を遣いすぎる状況、それによってやる気を失う先生、心のない授業、心のない学校。「別に私が先生じゃなくてもいい」と、先生が使命感を感じられない現場は、あまりにも寂しい。そんな中でも志を持っている先生が、もっと注目され、評価される世の中になってほしいです。先生が、ただの「先に生きている人」ではなく、もっともっと、愛される世の中になればいいなと思います。先生だって、生徒だって、人間なのですから。

話は変わりますが、先日、知人からの依頼で、小学六年生の前で「夢」について四五分間の授業をすることになりました。生まれて初めて、先生という立場を経験したのですが、まあ、進め方の難しかったこと、難しかったこと。自宅でひとり、リハーサルをして、質問にはこう返して、とシミュレーションしたというのに、二〇分かけて話そうと思っていた話はものの五分で終了。子どもたちのポカンとした顔を目の当たりにして、焦ってしまったのです。

その後も映像を使ってみたりと、どうしたら興味を持ってもらえるのか、子どもたちのご機嫌をうかがいつつ進めていったのですが、お世辞にも上出来とは言えず。私の「先生」初体験は、惨敗《ざんぱい》に終わりました。なんてったって、ファッションショーの一〇〇倍、緊張してしまいましたから……。授業が終わるころには、なついてくれたのでホッとしましたが、子どもの前で何かを伝えるということ、たやすいことではありませんでした。大人だったらつまらない話でもそれなりに興味があるフリをして聞いてくれますが、子どもは無関心なことを隠さない、正直な生き物。そんな子どもたちの様子に思いがけず動揺してしまい、あたふたする自分……。

子どもの前では、四六時中《しろくじちゅう》、理想的な大人でいることって難しいですよね。だからこそ、T先生のように、自分の失敗も隠すことなくユーモアとして笑い、誰に対しても平等で、嘘《うそ》やごまかしがなく、褒めるときは褒め、怒るときは怒る。そんな人間らしい、まっすぐで温かい人柄は子どもにもしっかりと伝わり、私も心を摑《つか》まれ、忘れられない存在としていつまでも残っているのでしょう。T先生が小学五年生の私の中にあった、小さな芽に光を照らしてくれた、だから今の私があると断言できます。すべての先生が、子どもたちの小さな芽に光を照らす、太陽のような存在でありますように。そしてその芽が、いずれ大輪の花となり、日本中を明るくしてくれることを願っています。

私もまだまだ、T先生が照らしてくれた芽を育てている途中。いつか大輪の花を咲かせることができるよう「二度とない人生」を精いっぱい生きていきたい。
そんなふうに思います。

おしきり・もえ　一九七九生。ファッションモデル。著書に『モデル失格』『心の言葉』『LOVE my LIFE!』他。

先生は……

関口光太郎

先生は、ロックンローラーではない。

だから、こんな逆立ったままの髪の毛では、出勤できない。子どもたちにとって、一番身近な社会人である先生は、社会人たるもの、ＴＰＯに合わせた格好をしなければならない、ということを伝えなければならない。

芸術は爆発だ的な寝ぐせを濡《ぬ》らし、櫛《くし》でなでつけ、二ミリ伸びたひげも剃《そ》り、大人しそうな大人を作り出す。同じ「先生」でも、美術大学の教授だったら、このパンキッシュな外見のまま出かけちゃうかもしれないが、あいにく私は特別支援学校のイチ教員である。

世の中の「応用編」を教える職業ではない。

先生は、最新型のエンジンを持っていない。

子どもは生命力の塊《かたまり》である。大人より遥《はる》かに優秀なエンジンを持っている。保育・教育関係の仕事をしていない方でも、町で子どもの様子を見れば、それは納得いただけるのではないか。子どもは基本的に走るのである。「ここでは歩きなさい」と言われて、初めて歩行に切り替わる(大人は基本的に歩く。可能な限り走らない。走るのは、アディダスで一万円かけてグッズをそろえてから)。

そういう、生命力の塊は、どんなに晴れた、暑い日でも、「先生! 鬼ごっこしよう!」と言って、私を誘うのである。私は大人だから、エンジンは旧式で、夏の屋外という環境下にいるだけでぐったりしているのだが、「子どもが待ってるから、やるぞ」と言って、再び走り始める。だから、朝からこんなにもぐったりしている。


先生は、美大生だった。

すべてを懸《か》けて彫刻の制作に打ち込んでいた三年生の秋、一番大きい教室に、同学年の全学生とともに集められた。何だろうと思っていると、スーツを着た学生課の職員さんが、

「君たちはこれから、進路先を考えなければいけない」と話し出し、若かった私は、唖然《あぜん》とした。恐ろしいことに、制作に打ち込むあまり「自分がいつか卒業する」ということに気づいていなかったのである。

いま思い返すと笑えるけど、当時は本気で青天の霹靂《へきれき》だった。

芸術一本では生活できない、何か仕事をしなければいけない、そう思い悩んで曇天《どんてん》模様の空の下の街を歩いていたら、なぜか、「そうだ、先生になろう」と思い至った。まるで立体作品のアイデアを思いつくように、その考えが天使の羽を付けて降りてきたのだ。

当時の私にとって、美術の活動は、作品をつくり、みんなに見せて、自分の考えや美意識を、見てくれた人の頭に残し、世の中にできるだけよい影響を与え、自分の生きた証《あかし》を残そうとする試みだった。教職も同じだと思った。先生になれば、毎年たくさんの、フレッシュな頭を持った子どもたちが、目の前に自動的に運ばれてくる。自分が何か教えることで、みんなの頭の中に、よい影響を残し、彼らの人生をよい方向に導きたい。それが自分の生きた証にもなると。

その考えは、いま振り返ると、当たっていたとも言えるし、そんなに甘くないワ！とも言える。兎《と》にも角《かく》にも、本当に先生となった私は、西友で買ったママチャリを漕《こ》いで、子どもたちの待つ学校に向かう。

先生は、学校フェチである。

幼稚園時代から、大学まで、学校教育法における学校に通い、その後間髪《かんはつ》を入れずに人生の主なフィールドを学校に置いた。物心ついたころから、ひたすら学校という場所に通い続けていることになる。よほど学校が好きなのだろう。

それを自覚したのは、大人になったある日、自分が夜に見る夢の舞台が、常に学校であることに気づいたときだ。小学校から大学まで、さまざまな時代の登場人物がミックスされているのだが、いつも何らかの学校なのだ。とにかく、約束なんかしなくても、みんなが集まる。もちろん好きな人ばかりではなく、どうでもいい人や、嫌な人もいるが、基本的に全員、毎日集まる。行けば、みんないる。その条件が好きなんだろう。

先生は、ＳＭＡＰの「世界に一つだけの花」が嫌いだった。

「ナンバーワンにならなくてもいい、もともと特別なオンリーワン」という歌詞が、ナンバーワンになることを諦《あきら》めた人の、自分自身への言い訳のように聞こえたからだ。小学校、中学校、高校、大学と、常に人と競《きそ》わされてきたし、自分でもそれに納得し、少しでも周囲から抜きん出ようとしていたから、私には「ナンバーワンになることが素晴らしい」という価値観が刷り込まれていた。

それが突き崩されたのが、大学の教職課程の一環で履修《りしゅう》した、介護体験実習だった。私が訪れたのは、車いすに乗り、知的にも障害がある、若い方から高齢の方までたくさんの入所者さんたちが、生活している施設。いや、正直、行く前は少し怖かったのである。だって、障害のある人は、当時、メディアにほとんど登場しないし、世の中で一所に集められて伏せられている印象があり、少なくとも私はそれまでに、近隣の特別支援学校と交流するような教育を受けてこなかったので、未知な部分が大きかった。

しかし実際、訪れてみると、そこは本当に穏《おだ》やかで、暖かく、ファンキーな場所だった。入所者さんたちは、それぞれに自分の世界を持ち、冗談を言い、こちらを和《なご》ませてくれた。車いすを押し、食事介助をしていると、私の心は解きほぐされ、自然と笑顔になり、一つひとつの仕事が実に楽しかった。これはマジックだった。偽善だとか驕《おご》りだとかと思われても何でもよい。障害のある人たちと接することが、自分の天職なのではないかと思ったのである。

ひたすら上をめざすことを止めたところから、じわりと、水中ににじむカラフルな絵の具のように四方に広がる、豊潤《ほうじゅん》な世界。そこには、今まで気づかなかった、さまざまな幸せの形がありそうだ。その気づきがあまりにも新鮮で、興味深かった。

そんなこともあって、就職したのが今の特別支援学校だ。

先生は、ロボットである。

ウィーン、ウィーン。教育関係の知識が付け焼刃だった私は、就職してから、とにかく、自分の二十数年間のすべてを動員して、日々の指導にあたった。出しおしんでいる場合ではなかった。

少しだけギターが弾けたのでホームルームで歌い、大学でやっていた新聞紙の工作を授業で取り組んだ。私が、変な音を出して、こんなにもガクガク動いて、グランドを歩いているのは、私の趣味であるロボットのマネが、いま担任している生徒たちに妙にウケるので、「ロボットから逃げる鬼ごっこ(時に立ち向かうのもアリ)」という遊びを、昼休みに展開しているからだ。

先生は、歌って踊って側転して掃除する。

特別支援学校はティームティーチングなので、生徒が登校したら最後、休憩などなしに全部の活動について回る。総合学習、作業学習、音楽、美術、体育、調理、掃除……全部だ。グループ編成の仕方によっては、それらの授業で主導者を務めることもある。美術ならまだしも、あの運動オンチな私が、体育を教えることになるとはな!

放課後は、ちゃんとデスクでパソコンを打つ仕事も待っている。

こんなにも多彩に、色んなことしなきゃいけない仕事は、珍しいのではないか? でもそれが、私にとっては非常に面白かった。特別支援教育の仕事は、彫刻のことしか考えていなかった私を、実に明るく、健康的な世界に引っ張り出してくれたのである。

先生は、生徒である。

子どもたちの造形表現は面白い。特に、自閉症の子どもたちの描く絵の着眼点の面白さは、世の中のいろんなところに隠れている「美」をたくさん教えてくれる。私は教職の傍《かたわ》ら、新聞紙とガムテープで立体作品を作るアーティスト活動もしているので、彼らの着眼点の面白さを、時々パクって……いや、オマージュさせていただいている。


先生は、教員である。教師ではない。

「師」という語がつくと、明らかに目上で、無条件で尊敬し、崇《あが》め、従わなくてはならないイメージがある。そうではなく、横から、ある意味対等にかかわり、お互いに成長していく方向を決め、努力し合いたい。フェアな関係でありたいと思うのだ。「員」という語は、地味だけどなかなかよい。同じ場を作っていく一員という感じがする。

生徒たちは、皆、本当にいい奴で、常に両親や教員からの期待に応えたい気持ちを持っているのだが、しかし時に、病気の特性や思春期的な衝動に逆らえず、社会にうまく適応できなくなる。生徒が周囲を困らせているときは、生徒自身が困っているときである。教育の世界でよく言われるこの原則を、私は日々実感する。私は、怒ることもあるし、哀願したり、励ましたりもして、向き合おうとする。時にぶつかり合いながらも、不思議と築かれる二人だけの信頼関係、この仕事でしか得られない宝物だ。

先生は、アーティストである。

休みの日は、先生の仕事を忘れて立体作品の制作に打ち込む。いや、忘れていないかもしれない。先生としてのマインドをミックスしたりして、制作する場合もある。

昨年は、「王様」というタイトルの作品を作った。新聞紙とガムテープでできた三メートル近いオブジェで、子どもが王冠を被った姿を表している。不安な要素だらけの世の中で、私たち大人は、子どもたちに王冠を被せてあげられるのだろうか？ という思いを表現した。

先生の仕事をしていると、世の中のいろいろな出来事に対して、即座に「それは子どもたちにとってどうか?!」と考える癖がつく。この作品も、そういうマインドの表れだ。

アーティスト活動は、直接的に普段の仕事に役立たないかもしれない。正直、体力的にはきつい面もある。しかし、人生をフルに楽しむモデルケースを、子どもたちに示せるかもしれない。そしていつか、パンキッシュな出で立ちで出勤できるタイプの先生になりたい……なんてうそだよ！

せきぐち・こうたろう　一九八三年生。特別支援学校の教員、アーティスト。新聞紙とガムテープを用いて、さまざまなものを創りだす。二〇一二年、第一五回岡本太郎現代芸術賞受賞。

大切な「症状」

田中茂樹

かつて私はカウンセラーを養成する大学院で教員をしていました。当時、私の専門分野は主に脳の働きを研究することで、大学院でもそれに関連する科目、認知心理学や神経心理学を担当していました。

大学の外では病院の非常勤医師として週に二日ほど外来診察をしていました。内科全般の診察でしたが、不登校や摂食障害など子どもの問題の相談に来られる保護者を担当することもよくありました。

私が教えていた大学院には附属の心理臨床センターが開設されていました。そこにはカウンセリングを希望される方が外部から相談に来られます。相談の多くが不登校や非行など子どもの問題、育児に関するものでした。

ところが当時、センターのカウンセラーは若い女性ばかりでした。育児どころか結婚されていない方ばかり。そんなこともあって、四人の子どもを育児中であった私は「育児の経験を生かして親の面接を応援してもらえないか」と頼まれたのです。

病院では午前中だけで二〇人から三〇人の患者さんを診察します。一人の方のお話を聞く時間は五分もあればいいほうです。ところが心理臨床センターでのカウンセリングは一回五〇分、たった一人の患者さんと向き合うことになります。そのようなスタイルに興味もありましたので、私はその依頼を受けることにしました。

毎週ある症例検討会で自分の順番が回ってきたとき、私は担当していたいくつかのケースを報告しました。小学生から高校生の複数のケースで、いずれも保護者の面接でした。すべて数回の面接で「問題」が解決していました。少なくとも私にはそのように見えていました。

実は私は、同僚である教員スタッフや若いカウンセラーの報告をそれまで聞いていて、いつも少しもどかしさを感じていました。患者さんの問題はもっと簡単に解決できるのに、なぜそんなに悠長《ゆうちょう》に時間を使うのか、と。

ですから自分のケースでは、今から思えば「どうだ」と言わんばかりに報告していたと思います。「あなたたちカウンセラーよりも、カウンセリングの素人《しろうと》である私のほうが役に立っていますよ」と。

同僚の教員スタッフや大学院生からの反応は悪くありませんでした。しかし、そのとき一人の先生がコメントをされました。そしてそれは私にとって全く意外なものでした。

「田中先生は少し早く治しすぎですかね。すぐに症状をとってしまっておられる」。その先生は少し悪戯《いたずら》そうな笑顔でそう言われたのです。

自信を持ってプレゼンテーションをしていた私は少しむっとしていたかもしれません。思わず言い返してしまいました。

「先生！　患者さんは症状をとって欲しいから時間やお金を使って面接に来られているのではないですか？」

それに対して先生は次のように話されました。

「症状はその人にとって大切なものです。簡単にとってしまっていいはずはないのです」

その話し方はたいへんストレートで力強いものでした。頭では理解できませんでしたが、私の心の深いところに強いメッセージとして届きました。

その日から私はカウンセリングの勉強を本格的に始めました。その言葉の意味が知りたいと思ったからでした。一〇年以上たち、もう大学院や心理臨床センターからは離れた今でもずっと続けています。

そして、私の医師としての仕事のスタイルも変わっていきました。それまでは患者さんの問題をどうやって解決しようかということばかりに気持ちが向かっていました。それが次第に「この人は何を問題と感じておられるのだろうか」とか、「今どのような気持ちでおられるのだろうか」ということを意識するようになっていきました。

今では、あのとき先生が教えてくださろうとしたことが、少しは分かるようになったかなと感じるときがあります。それは例えば次のようなケースを担当しているときです。

ある年の二月のことでした。幼稚園の年長の男の子(Aくん)の母親が相談に来られました。母親によると、Aくんはここ一カ月ほどのあいだに指しゃぶりをするようになったとのことでした。「注意するとかえってよくない」と思って見守っているけれど、なかなか治らないと言います。

一緒に歩いているときに「指を口に持っていきそうだ」と感じたら、手をつなぐなどして、母親はAくんに指しゃぶりをさせないように工夫していると言います。両親ともに「もうすぐ小学生になるのに大丈夫だろうか」と心配しているとのことでした。

幼稚園でも先生から「もうすぐ小学生になるのだから、きちんとあいさつしましょう」とか「きちんとお片付けしましょう」のように、なにかにつけて「小学生になるのだから、きちんとしましょう」と言われているようでした。

家庭で毎日のようにランドセルを背負ってみたり、鉛筆を削ったりとAくんは小学校に行くことを、とても楽しみにしているようです。それでも、いろいろと緊張もしていることでしょう。

私は、表面的な問題行動(というほどでもないと思いますが)にとらわれるのではなく、「自分でなんとかしようと子どもなりに頑張っているんだな」と理解して見守ってあげることをご両親に勧めました。

Ａくんは小学生になるということへの不安を「指をしゃぶる」という方法で乗り切ろうとしているのかもしれないと思ったからです。そしてもし家庭でも「もうすぐ小学生になるのだから」などの言葉をかけているのなら、それは控えてみましょうとも話しました。親から注意されなくても、幼稚園の先生や友だちの話から、Ａくんは十分すぎるほど新しい生活への覚悟や決意を感じているはずです。だとすれば親のすべきことはＡくんのプレッシャーを減らしてあげることでしょう。頼りなく、のんきに見えるかもしれませんが、子どもたちはみな、新しい生活のことを彼らなりに強く意識しているのですから。

その後、Ａくんの「問題」は解決しました。Ａくんが指しゃぶりをやめたのではなく、両親がＡくんを受け入れられるようになったようでした。もしかしたら子どもが小学生になることで不安になっていた両親が、何か具体的な問題（この場合は子どもの指しゃぶり）を見つけ出して、それを心配することで安心していたのかもしれません。

もしも私が以前のように「症状」（目に見えている問題）だけにとらわれていたら、ご両親にこのような提案をすることはできなかったと思います。

次のようなケースもありました。

中学二年生の女の子(Bさん)はクラブ活動のときに息苦しくなり、保健室に行くということが何度か続いていました。いわゆる過呼吸の状態です。

担任の先生は母親との面談で「Bさんは自己主張が苦手で、友だちとの関係でも我慢しすぎるようです。もう少し自分の意見を言えるようになるといいのですが」と話されたそうです。

私との面接で母親はそのような経過を淡々と話されました。

「どうやったらBの過呼吸の発作を起こさないようにできますか?」「どうしたら、娘を自分の意見を言える性格に変えることができるでしょうか?」と彼女はたずねました。

私は次のように話しました。「娘さんは自分の苦しさを自分の力で乗り越えようと頑張っているのかもしれません。過呼吸はその頑張りが表れたものかもしれません。娘さんにとって過呼吸は大切なものだとも考えられます。〝治そう〟とか〝変えよう〟とするべきものではないと私には思えるのですが」。

すると、それまで淡々と話をされていた母親の目から突然涙があふれ出しました。こぼれてもこぼれてもとまりませんでした。彼女は「すみません」と言いながらハンカチを取り出して涙を拭きました。「なぜ涙を流されるのですか？」と私がたずねても、「分かりません、なぜか急に」とだけ彼女は答えました。

そして母親は、家族のこれまでのことを話しはじめました。約一年前、Bさんが中学生になるときに離婚したこと。いまBさんは母親と二人暮らしで、親の事情をよく理解してくれていること。「沈みがちだった私を、あの子はずっと支えてくれました」と感謝していました。

指しゃぶりや過呼吸の話から見えてくるのは、「子どもはしんどい状況を自分でなんとかしようと必死で頑張っている」ということだと思います。

そのような「症状」に出会ったとき、親や周りの大人は、その表面に見えているものにとらわれすぎないことが大切なのでしょう。そして、いつもより子どもに優しく接するよう心がけることが、親や先生、周りの大人たちに求められているのだとも感じます。

大切な自分の症状と向き合っている子ども、そしてそれを見守る大人。そのような方たちとお会いしているとき、独りよがりの発表をしていた私を見捨てることなく、勇気と愛情を持って、「症状は大切なものです」と伝えてくださった私の先生のことを思い出します。

たなか・しげき　一九六五年生。医師・臨床心理士として、地域医療、カウンセリングに従事。著書に『子どもを信じること』。

手紙

増田ユリヤ

二〇一二年一二月。いじめによる自殺があったというフランスの中学校に取材した。場所はパリ市北部一八区。一九世紀以来、ピカソやルノワールなど多くの芸術家を輩出してきたモンマルトルの丘をのぞむ地域だ。事件があったのは、二〇一一年一〇月のこと。「事件を思い出すのは非常につらいが、日本の教育問題の参考になるのであれば」と、学校側がインタビューに応じてくれた。フランスにも、いじめの問題は存在するし、特に中学校では深刻だ。ただ、日本のように子どもが自殺で、しかもいじめが原因で命を落とすことは非常に稀《まれ》なケースである。

自殺したのは、中学三年生の女子生徒。同級生の女子がフェイスブックに彼女を誹謗中《ひぼうちゅう》傷《しょう》する書き込みをしたことがきっかけとなり、自宅アパートから飛び降り自殺をするという痛ましい事件に発展した。フェイスブックなどのいわゆるSNS（ソーシャルネットワーキングサービス）を舞台に起こるいじめの問題は、いくら教師が気をつけていても、なかなか見えにくい問題であり、もはや世界共通の新しい教育問題でもある。

インタビューに答えてくれたのは、校長、副校長、生徒生活指導専門官（フランスでは各中学校に配置されている）の三人。事件当日のこと、傷ついた生徒や先生の心のケア、マスコミへの対応など、当時の状況を思い出しながら、具体的に、丁寧に説明をしてくれた。しかし、そんなつらく不幸な出来事が起きてしまって、仕事を辞めようとは思わなかったのだろうか。

「この仕事を選んでやっています。好きでなければやってはいけない仕事。それが教師です」

と校長（女性）が力強い声でそう言った。重苦しい空気が流れる中、校長の顔が輝いた瞬間だった。ならば、教師という仕事をしてよかった、嬉しかったと思うことは何だろうか。

「手を焼いた生徒が自分の道をみつけ、卒業してから手紙をくれたこと。今もその手紙は大切にとってあります」（副校長・男性）。「私も同じ。宝物だわ」（専門官・女性）。お互いの顔を見ながら、笑顔でそう答えてくれた。

「ああ、どこの国でも、教師という仕事は同じなんだ」。心の中でそう思いながら、私は、二七年前、自分が初めて教壇に立った日のことを思い出していた。

大学を卒業したばかりの私は、首都圏のとある私立女子高校に非常勤講師として採用された。当時、女性で社会科教員の就職先は非常に少なく、ようやく声をかけてくれた学校だ。ふたつ返事で飛び込んでいった。しかし、手続きのために学校に行ってみると、何だか様子が落ち着かない。廊下からは先生の怒鳴り声が聞こえ、茶髪でメイクばっちりの子たちがきゃあきゃあ言いながら逃げ回っている。「大丈夫なの？　この学校？？？」

案の定、その予感は的中した。

四月。新学期が始まった。非常勤講師として採用された私だが、授業は一週間になんと一八時間！　教科も政治経済と日本史の二科目を担当することになった。初めての授業は、二年生「生活科学科」クラス（当時の名称。現在は存在しない）の日本史。生活科学科というと何となく聞こえはいいが、要は家庭科などの実習授業が多い、勉強のできない子や問題のある子を寄せ集めたクラスだった。

ガラッと引き戸をあけて教室に足を踏み入れると、目に飛び込んできたのは、前髪にまかれたピンクのカーラー。机の上にはマニキュアや鏡、ウォークマン、ポテトチップスなどが所せましと並べられ、ペン立てには、カラフルなペンがぎっしり詰まっていた。かろうじてイラスト入りのノートは出ていたが、教科書の姿はほとんど見えない。

私の常識にはない光景に絶句しながらも、号令がかかったので礼だけはして、とりあえずは自己紹介せねば、と黒板に自分の名前を書いて振り返ったとたん、

「先生！ オトコ(注・彼氏)いるの？」

今では懐かしい、聖子ちゃんカットをした子が私を斜めに見ながらそう言った。

「いるわよ！ それが何か？」

確か、とっさにそう答えたと思う。心臓が破裂しそうに緊張しまくり、興奮しまくっていたが、なぜか「負けてたまるか！」そんな思いでいっぱいだった。初めての授業のことは、それしか覚えていない。

日々の授業が始まった。生活科学科クラスに行くと、大半の子たちは鏡をのぞいたり、

マンガを読んだりしている。

「今、あなたを見ているのは私だけ。十分かわいいから授業を聞いて!」と、なだめたりすかしたりしながら板書をする。漢字はほとんど読めないので、全てにルビをふる。よくよくクラスの子たちの顔を見てみると、三分の二はヤンキー娘たちだが、残りは声も出さない(出せない)ような、真面目でおとなしそうな子たちだった。

「邪馬台国の女王　卑弥呼」と書いていたその時だった。「ギャー!」泣き叫ぶような声が聞こえてきた。振り返ってみると、中央の前から二番目の席に座っていたA子が、口の周りをよだれでいっぱいにしながら、それを拭《ぬぐ》おうともせずにギャンギャン泣いている。「どうしたの?」と聞くと、「背中にシャーペンの芯《しん》が……」と泣きながら訴えるA子。誰かがA子のブラウスの襟元《えりもと》から、背中にシャーペンの芯をケースごとぶちまけたのである。「うっとうしいんだよ、A子は!」「いなくなっちまえよ!」腕組みしたヤンキー娘たちが、ふんぞり返って大声を出しながらA子をにらみつける。今だから冷静に考えられるが、そのクラスの子たちは、勉強したくないのに無理やり高校に行かされたり、家庭環境が落ち着かなかったり、という子が多かった。それに思春期という多感な時代が重なって、その鬱憤《うっぷん》をさまざまな形で吐き出していたのだ。

そんなクラスの環境の中で、A子という子は、（誤解を恐れずに言えば）確かにいじめの対象になりやすい個性の持ち主だった。ふたつに束ねた長い髪に、銀縁《ぎんぶち》の瓶底《びんぞこ》メガネ。話し方にも特徴があってグズグズものを言う。でも生活態度は真面目で、それだけいじめられても学校は一日たりとも休まず、勉強も好きで、特に英語がよくできる子だった。その後も、私の授業だけでなく、理科の授業では頭からビーカーで水をかけられたり、体育の授業で仲間外れにされたりと、A子をめぐっては日々さまざまなことが起こった。私は何とかしたいと思って、昼休みに会議を開いてもらい、A子の状況を訴えたが、他の先生はほとんど発言もしない。あっという間に会議が終わると、ある先生から声をかけられた。

「問題があると言うのは、あなたの指導力がないことを公にしているようなもの。自分に損な発言は控えた方が身のためだよ」

同じような毎日が続いているのに、何もできないまま、三学期が始まった。

昼休みのあと、五時間目にA子のクラスに行くと、席に座っているA子を数人で取り囲んでいる。何やら深刻な雰囲気だ。「どうしたの？」と声をかけると、「A子が修学旅行に行くっていうんです」と学級委員の子がふくれっ面で私の方を振り返った。

「A子と一緒に行くくらいなら、（修学旅行先の）沖縄なんて行きたくない。私たちは軽井沢に行きます！」片手に握りしめた『るるぶ』という雑誌を見せながら、そう訴えてきた。聞けば、修学旅行ではグループ行動をしなければならないので、A子を学級委員の子たちのグループに入れると担任が勝手に決めたという。相変わらず、A子はグズグズと泣いている。

「A子、あなた修学旅行に行きたいんでしょう？」という私の問いかけに、A子は大きくこっくりと頷《うなず》いた。

「だったら絶対に行かなきゃダメ！　あなたたちも、軽井沢じゃなくて一緒に修学旅行に行かなきゃダメ！　みんなで行かなきゃ日本史の単位出さないからね！」

以後、三学期の授業の始まりは、修学旅行に行く行かないを話し合う、ホームルームのような時間となった。結局、A子は他のクラスにいた唯一の友達のグループに入れてもらえることになり、全員無事に修学旅行に行くことができたので良かったのだが。

一クラスしかない生活科学科クラスは、問題行動や欠席超過などの理由で中途退学者が続出し、三年生になる頃には、四十数人いたクラスの子たちが半数近くに減っていた。三年生でも私は授業を受け持ったが、クラスはしんと静まり、淡々とした毎日が過ぎていった。そしてA子たちは無事に卒業していった。

私の方はといえば、三年目からは学校の仕事を続けながら、NHKでリポーターの仕事を始めることになった。学校を逃げ出すきっかけが欲しくて飛び込んだ世界だったが、駆け出しリポーターの月収は四万円。学校の仕事だけでも大変なのに、マスコミの仕事は想像以上に厳しく、にっちもさっちもいかない状況に陥《おちい》って迎えた夏休み。

母親が急逝した。

誰にも起こる不幸だとわかってはいても、何も考えられない。いわば人生のどん底に自分が立たされているような状況に陥っていた、そのとき。

一通の手紙が届いた。

差出人はA子である。

無地の白い便箋と封筒に「増田ユリヤ先生へ」と丸まった鉛筆で書いた文字が並んでい

る。相変わらず手に汗をかいていたのだろう。文字がいつものようににじんでいた。

手紙には、卒業したあと、和裁の専門学校に進んで、友達ができたことや楽しく毎日を送っていることが書いてあった。そして、便箋の二枚目は、こんな書き出しだった。

「先生が修学旅行に絶対に行けと言ってくれて、行ってよかった。あの時、私、自殺しようかと思ったんだ。でも、死ななくてよかった。だからこうして今、友達もできて楽しく毎日を過ごせているんだから。先生、本当にありがとう！」

にじんだ文字の手紙を、私は何度も何度も読み返し、何度も何度も声をあげて泣いた。

そして私は、この手紙を胸に、世界の教育現場の取材をしながら、今も教壇に立ち続けている。

ますだ・ゆりや　一九六四年生。ジャーナリスト。高校の社会科の教師。著書に『移民社会フランスで生きる子どもたち』『教育立国フィンランド流 教師の育て方』他。

柔道とは？

山口　香

海外の柔道選手に「あなたにとって柔道は」と尋ねると、「柔道は〝私の人生〟」と答える人が少なくない。私にとって柔道とは？と問われたら何と答えるだろう。柔道が人生とは即答できないかもしれないが、柔道は人生の師を与えてくれた。柔道を通して様々な経験をし、そのことが私の人生観や価値観に大きな影響を及ぼしたことは間違いない。

柔道を始めたのは小学校一年生、六歳の時である。テレビドラマの姿三四郎の格好良さに憧《あこが》れたことと、柔道には他のスポーツにはない精神性のようなものがある印象が漠然《ばくぜん》とあった。家から歩いて一〇分ほどの西村道場を紹介されて行ってみると、道場主の西村進先生に、「うちには男の子しかいないから、女の子は無理だ」と断られた。今でこそ女子が柔道をすることに違和感を持つ人は少ないだろうが、当時は「女だてらに柔道なんて」

という時代だった。

負けず嫌いな私は「女の子はダメ」と言われたことで俄然《がぜん》やりたくなって、三度も道場に足を運んで、「男の子と区別しないで教える」という条件付きで入門の許可をもらった。正直言って、走っても鉄棒でも男の子に負ける気がしなかったので、柔道でも負けない自信があった。稽古《けいこ》は週に六日という、とても厳しい道場だったが、私の現在に至る柔道に対する考え方の基盤はこの時代に培《つちか》われたと思う。

柔道は、投げられても怪我《けが》をしないための受け身から始まる。負ける練習から始める珍しい競技だ。西村先生がよく言っていたのは、「柔道は相手を倒すことではなく、自分の身を守るのが基本。だから柔道をして怪我をすることはいけないし、相手に怪我をさせてもいけない」ということ。投げられまいとして身体を捻《ひね》ったり、手をついて庇《かば》おうとせずに、潔《いさぎよ》く受け身をとる。強くなったり、勝つためには目先の勝負にこだわるのではなく、王道を目指せというメッセージがそこにはあった。たくさん投げられ、受け身をとった方が強くなる。おかげで、一二年間の選手生活で大きな怪我は肘《ひじ》の脱臼《だっきゅう》一回きり。

西村先生は独特のオーラを持った人だった。柔道に対する信念は揺らぎのないものだったが、技術指導においては研究熱心で常に新しいものを目指し、試行錯誤の繰り返しだった。仕事中でも柔道のことを考えているようで、私たちが道場に来るのを待ち構えていたかのように指導を始める。「先生は本当に柔道が好きなんだな」と思え、先生がそれだけ情熱を注ぐ柔道に、自然と私も誇りを持つようになった気がする。

中学校、高校では学校の柔道部に属さずに小学校から通った町道場で稽古を続けたので、大学で初めてクラブに所属した。大学進学を考える頃には女子柔道の試合も始まっていたが、男子中心の柔道部が積極的に女子部員を受け入れてくれるほどではなかった。筑波大学を選んだのは、講道館柔道を創始した嘉納治五郎《かのうじごろう》が筑波大学の前身である高等師範学校の校長であったことと、大学では、柔道を競技としてだけではなく、様々な角度から専門的に学びたいという思いからだった。

入部して驚いたのは、町道場とは違って、先生が指導してくれる時間はほとんどなく、学生の自主性に任されていたことだった。自分で言うのもなんだが、入学当時は全日本チャンピオンであり、メディアからは〝女三四郎〟と呼ばれ、注目されていた。道場に取材が来ることも多かった。しかしながら、先生、先輩から特別扱いされることは一切なかった。

柔道部で私が唯一の女子部員だったので、練習相手はすべて男子学生。女子でチャンピオンといっても強豪大学の男子に敵《かな》うわけもなく、三時間近い練習で一度も投げることはなく、投げられるばかりの毎日だった。練習だけでなく、走ってもビリ、ウェイトトレーニングをしてもビリ。有名人、チャンピオンというとチヤホヤされ、有頂天《うちょうてん》になりがちだが、大学時代の私は「自分は弱い」という劣等感の固まりだった。

また、すべての部分で自分が意思表示して求めなければ何もしてくれなかった。柔道は強い相手と稽古することでさらに強くなるので、男子が女子と稽古するメリットはない。ジッと待っていたら練習相手さえ見つからない。先輩の前に立って何度も「お願いします」と頭を下げてはじめて稽古してもらえる。試合の時期も違うのでコンディショニングを考えての稽古も、自分から訴えなければ誰も気をつかってくれない。おそらくこういった恵まれない時代の女子柔道選手で〝やらされてやっていた〟者は一人もいない。

誰に強要されることがなくても、自分が強くなりたいから、結果を出したいから必死で頑張った。大学時代に学んだことは、自律と自立だと思っている。やりたいことを貫くためには、自分を律して練習に打ち込み、練習環境も自ら切り開いていくしかない。

大学の恩師である中村良三先生に感謝したいのは、私の苦労を見つつも手を差し伸べずにやり遂げさせてくれたことだろう。「言われなくてもやる」と信じてくれた。チャンピオンとして鳴り物入りで入学した私は、順調に勝って当たり前であり、負ければ指導が悪いと言われる。通常、こういった不安から指導者はつい手を出したくなってしまうが、先生は、この時期が私にとっての自立の時期と考えてジッと見守ってくれたに違いない。

先生は、教えることよりも待つことが人を育てることを知るべきだと強く思う。引っ張り上げるのではなく、寄り添う、支えるという言葉がしっくりくる。

現役を引退して、日本オリンピック委員会の在外研修制度でイギリスに一年間勉強に行かせてもらう機会を得た。このときの経験は指導者としての価値観を大きく変えるものだった。

所属したクラブで英語の勉強も兼ねて子どもたちのクラスを持った。まず驚いたのは、小さな子どもが私のことをファーストネームで呼ぶ。「ハイ！ カオリ。元気？ 調子はどう？ 髪切ったの？ その髪型好きだよ」。また、何をするにも黙って言うことを聞くことはなく、「なんでこんなことやるの?」といちいち尋ねられる。日本の道場では、先生の「やれ」と言ったことに質問する子どもはほとんどなく、疑問を持つことすらないのではないか。大きなカルチャーショックだったが、郷に入れば郷に従えなので、つたない英語を総動員して丁寧に説明した。

初めのうちは外国の子どもは生意気で理屈っぽいと思ったが、指導を重ねていくうちに、学ぶということ、修得していくプロセスに、日本人とは違いがあるのだと気がついた。日本の柔道は型の文化なので、個性や自由は許されずに、まずは基本となる型を繰り返し学ぶ。学びながら型に込められた師の思いや考え方、生き方について稽《かんが》えるのが稽古である。型を習得してはじめて、その上に自分の個性を重ねていくという過程を経る。

これがイギリスの場合には、学びや行動をする前に、なぜこれが自分にとって必要なのか、大事なのかを理解してから取り組むように見えた。これはおそらく歴史や文化の違いであり、どちらが良い悪いといった議論はナンセンスだと思うが、イギリスで感じたのは、彼らは上から言われたからただ従うのではなく、自分が納得してから取り組むということが子ども時代から刷り込まれている。

一九八〇年、東西冷戦の時代、ソ連(当時)のアフガニスタン侵攻によってアメリカ、日本を含む多くの西側諸国はモスクワ五輪をボイコットした。すでに代表選手として決まっていた人たちが、涙で抗議していた姿は目に焼き付いている。抗議はしても最終的には「国の決定に従わざるを得ない」という印象だったが、後にイギリスなど数カ国の選手が、国の代表ではなく個人の資格で参加していた事実を知って驚いた。日本選手は個人で参加する方法があるなど思いもしなかったはずである。

先生、親、目上の人、国が言うことは正しい、この人が言うのだからしかたがないという思考が、私たち日本人には観念的にあり、上の者も「下の者は反発しない」と高をくくっているところがある。二〇一二年のロンドン五輪、女子ナショナルチームにおけるコーチの暴力問題は、選手の自律と自立を踏みにじるこうした「指導」のあり方への告発だった。

私を質問攻めにしたイギリスの子どもたちは、私を尊敬していないわけでも信用していないわけでもない。そして、彼らの疑問が、「知っている」と決めつけていたことについて、改めて考える気づきとなった。先生! と呼ばれたから先生なのではなく、子どもたちの信頼を勝ち得た時に本当の意味で彼らに影響を与えることができ、彼らの先生になれるのだと感じた一年間だった。

私にとって先生とは、単なる知識や技術ではなく、物事の見方、考え方を教えてくれた人である。月日が経っても先生を思い出すのは、何かを判断する物差しが〝先生の教え〟にあり、私の原点となっているからだろう。柔道の試合で学んだのは、技を仕掛けて失敗した時の後悔よりも、負けるのを怖がって技を仕掛けることができなかった後悔の方が何十倍も大きいということだ。試合場に立てば誰も助けてくれないが、いつも背中を押してくれる先生の手を感じることができた。

人間は弱いので何をするにも迷うことの連続だが、挑戦の気持ちを持ってした決断を評価してくれる人がいれば、迷いを断ち切ることができる。どんなに偉大な人間でも間違いを犯すし、誤った判断をすることもある。だからこそ、背中を押してくれる存在が必要だ。自分が先生と呼ばれる立場になって、「私は教え子の背中を押してあげているだろうか」と時々思い出し、そうでありたいと強く願う。

イギリスを含めて海外での経験が、指導の在り方、教え方にベストはないという戒《いまし》めになっている。ロジェ・ルメール（元フランス代表サッカー監督）の「学ぶことをやめたら、教えることをやめなければならない」という言葉は、すべての先生、指導者が嚙《か》みしめるべき言葉だ。

子どもたちは違う環境に生まれ、育ち、価値観も考え方も自分と違うのが当たり前だ。この子には成功した教え方が、違う子にも当てはまるとは限らない。しかし、だからこそ教えることは楽しいし、無限の可能性がある。先生は人の能力を引き出し、生かすのが仕事だが、自分も彼らに伸ばしてもらい、生かされていることを忘れてはならない。

やまぐち・かおり　一九六四年生。柔道家。ソウル五輪銅メダルほか国際大会でも活躍。筑波大学大学院准教授、全日本柔道連盟女子強化委員。

中学・高校生に願うこと

柳沢幸雄

「開成」に対する一般社会の認識と、現実との間にギャップを感じます。受験指導に熱心な進学校で、手とり足とりとても丁寧に受験勉強の面倒をみてくれるというイメージがあるのでしょうか。子どもを開成に入れた保護者から、「もっと面倒をみてくれ」と言ってくるようなミスマッチが稀《まれ》に起きます。生徒の自主性を育てるため、教員は手や口は出さず、目で見守ることを基本にしています。保護者の期待と実態のミスマッチを防ぐために、私はこの学校の教育の内容について、詳しく外に伝えたいと思っています。

まず、生徒に繰り返し伝えていることは、何を学ぶべきか、ということです。

この学校にいる間に「好きなこと」を見つけなさいと、いつも話しています。そして、好きなことに関連する職業を考え、その職業に就《つ》くために必要な知識や技術を与えてくれる大学に行きなさいと続けるのです。

例えば、サッカーが好きなら、J1の選手だけでなく、チームの経営者や運営者になることもできるし、あるいは、スポーツ医学を通して関わることもできます。海外のチームとの契約のアドバイスをする弁護士、サッカーを取材する報道記者や、次世代を育てる教員やコーチ、練習用具開発の技術者、スタジアムをつくる建築家や、グラウンドの芝の品種改良をする研究者など、関連する職業はいくらでもあります。自分が働きたい職業を想定して、そこから糸を垂らすように、想定する職業が必要とする知識、技術が学べる大学を選んで受験する、トップダウンの考え方を指導しています。

一番大切なことは、好きなことを見つける、ということです。嫌いなことを職業にしたいと思う人はいないはずです。職業人として生活するために、これはとても重要なことなのです。

そして、好きなことを見つけるために必要なのは、「自由」であることです。自由でなければ、好きなことを見つけることができません。開成で自由を保障するのが「自治」の精神です。

自治には、二つの意味があります。「みずから、おさめる」と「おのずと、おさまる」という意味です。理想的な自治はこの二つ目の意味、「おのずと、おさまる」ではないでしょうか。嫌々決まり事に従うのではなく、納得できる使い勝手の良い規則をつくって、それを守る。それが自治の本質です。

この自治の本質を身につけるのに役立っているのが、開成の伝統である運動会です。中学一年から高校三年まで縦割りになり、棒倒しや騎馬戦を競い合う。この運動会の運営は、生徒だけで行います。自分たちでルールをつくり、つくったルールを守る。ルール違反の認定や勝ち負けの判定も、「先生! やってください」なんて誰も言いません。審判団も教員ではなく、生徒たちでやる。ルールを破る者へのペナルティも自分たちで決めるのです。

それでは、教員たちはどのような役割を担っているのでしょうか。

まず校長の役割です。この学校は教員のすべてが、いわゆる「ヒラ」の先生です。教務主任・教頭は役割であって順次交代します。管理職は理事長、校長、事務長しかいません。理事長は文科系、校長は理科系のOBが就いています。校長は開成で教えたことがない、外部の人間が就任する仕組みが学校に新しい息吹をもたらし、社会の変化に対応するための大きな要素になっています。

もっとも、開成の教育のゴールは開学以来変わることなく「質実剛健」、「開物成務」、「自由と進取」です。しかし、ゴールである山の頂《いただき》は変わっていなくても、生徒が育っている環境、社会状況が変化しているわけですから、時代とともに入口である登山口、また途中の登山路は変わってきていると思うのです。

一つ例を挙げましょう。私は子どものころ、アマチュア無線に興味があり、トランシーバーを作りたいと熱心に取り組みました。何かに強い関心を持ち、自分の力でその仕組みを解明して、また新しいものを作り上げてみようというのは、とても重要なことです。しかし、携帯電話も普及している今の時代に、トランシーバーに果たしてどれだけ生徒が興味を持つでしょうか。

ここで、一人一人の教員の役割が重要になってきます。教員は、子どもの育ってきた社会環境やプロセスを知り、何に関心があるかを汲《く》み取り、迅速《じんそく》に対応しなければなりません。そのためには、教員も常に自由であり、状況を見極める力がなければなりません。教員と生徒の関係の自由を認め、そして、教員に授業の自由を保障する。教材も教員が生徒の関心や興味を意識しながら選んで、授業を進めていかなければならないのです。教員に任せれば、生き生きとした授業になります。生徒に自由に将来像を描かせるためには、教員も自由でなければならないのです。

生徒の自由を保障するもう一つ重要な要素は、多様性です。

開成では中学で三〇〇人が入学しますが、高校でも一〇〇人が編入します。中学から上がってきた生徒と、新しく入ってきた生徒が互いに刺激しあうことは良いことだと考えています。高校から入ってきた生徒たちは一年間、別のカリキュラムで進度を合わせますが、高二からは同じクラスになり、卒業する時には渾然一体《こんぜんいったい》となり違いを意識しなくなります。

子どもに教育を授けるのは誰でしょうか。生まれたときは親だけであり、学校に行くようになると先生が加わり、そして、一人で行動ができるようになると、友人や仲間の影響が大きくなります。友人の集団に多様性があることは、非常に重要なのです。

友人たちとの関わりの中で、自分の好きなもの、好きなことの方向性を見つけることができれば、居心地のいい自己肯定的な時間を過ごすことができます。アメリカの大学は多様性をとても重要視しています。いろいろなことに関心を持ち、異なる背景を持った生徒がいることは、自分に合った人生設計をするために必要なことです。朱《しゅ》に交われば赤くなるという諺《ことわざ》があるように、日本でも友人の重要性は昔から認識されています。

教員が生徒たちと適当な距離を持つことで、生徒同士で互いに学べる環境をつくる。すると、生徒は自由と責任を意識するようになります。多様性の中で己《おのれ》の個性を発見し、還暦を迎えたとき、肯定的に自分の人生を振り返ることのできる基礎を作り上げていってほしいと思っています。


そして、私がいま、生徒に願っていることは、若いうちに、どんどん新しい環境にチャレンジしてほしいということです。日本人の子どもは優れていますが、誤解を恐れず言えば、三〇代を過ぎると息切れをし始めるようです。海外で行われる会議にも日本人は多く参加していますが、発言しないため、話の内容や流れを考えなくなり、いないも同然と扱われるのです。

これは東大での授業でも同じです。私がいくら話しても、頭の中に響いていかないのです。発言の準備をしないので、聞き流すだけになり頭は働きません。しかし発言しようとすれば知的な鍛錬《たんれん》をせざるを得なくなります。

私は一九八四年にアメリカに渡りました。公害の研究を志しましたが、日本ではやらせてもらえない、経済成長の流れに逆らう、まさに国賊《こくぞく》のような扱いすらされました。自分の研究をするために海外で就活をしました。まず名前を覚えてもらうために国際学会で質問し、職探しのきっかけにしました。

学会が始まる前に質問を書き上げておき、発表者のプレゼンが終わると真っ先に手を挙げて質問していました。英語が得意でなかったため、二番目だったら気づかないまま前の人と同じ質問をしてしまうかもしれませんから。事前に準備していれば、質問はできます。夜のパーティーにも積極的に参加して、あらゆる機会を使って求職活動をしました。

日本の企業では、いまだに若手の社員が発言し、新しいことを提案することを喜ばない会社もあるようです。優秀な人材でも、組織のなかで活用されないのならば、海外に行くことを勧めます。つぶされる環境に甘んじるぐらいなら、海外に出て、発言する人間になってほしいと願っています。

やなぎさわ・ゆきお　一九四七年生。開成高等学校・中学校校長。元ハーバード大学大学院准教授・併任教授、東京大学名誉教授。シックハウス症候群、化学物質過敏症研究の第一人者。

巨大な疑問符を与えてくれた

鈴木邦男

「いい先生」の思い出はない。これは自分がひねくれているせいなのか。思い出す先生、印象に残っている先生は皆、「変な先生」だし、「憎い先生」だし、「悪い先生」ばっかりだ。映画や小説に出てくるような、優しくて、心の広い「いい先生」はいなかった。落ちこんでいる時に慰《なぐさ》め、励ましてくれる先生はいなかった。人生を生き抜くための力強い言葉をかけてくれる先生もいなかった。生徒のためなら命も捨てるという愛にあふれた先生もいなかった。皆、変な、憎い先生ばかりだった。

授業の内容だって、まったく覚えていない。日本史や世界史の年号はすべて忘れたし、物理の法則も忘れた。化学記号も忘れた。数学の関数も忘れた。今は分数の通分や掛け算もできない。英語や古文の文法も忘れた。でも今、まったく困らない。「正解」を出すだけなら、ネットや携帯ですぐわかる。「いや、若いうちに脳を使い、考える訓練をするのだ」と言うかもしれないが、ずいぶんと時間をかけ、ずいぶんと無駄なことをしたものだと思う。

教室でとった厖大《ぼうだい》なノートはどこにいったのだろう。とってないし、とっておく価値もないと思ったのだろう。先生は熱心に、必死に真面目に教えてくれたはずなのに……。でもノートはないし、自分の頭の中にも何も残っていない。「人生はこう生きるべきだ」「他人には優しくしなさい」といった道徳教育的な話をした先生もいたのだろうが、それもまったく覚えていない。

ただ、くだらないことは覚えている。授業の中で、先生の話が脱線して、冗談を言ったり、ポロッと「個人的な怨《うら》み」や「怒り」を言ったりする。それだけは、よく覚えている。なかには、家庭がうまくいかなくて、その愚痴《ぐち》をこぼす先生もいる。えんえんとそんな話を聞かされる生徒にとっては迷惑このうえない。「聖職者」ではない。ただの人だ。いや、ダメな大人だ。そう思った。

「昨日は学校を休んでデモに行ってきた。文部省のやり方はおかしい」と突然言い出す先生もいる。政府や国家権力がいかに横暴《おうぼう》なのかを言い出す。弾圧《だんあつ》や干渉《かんしょう》があるから自由に教育ができないのだと言う。

生徒を教えることに、そんなに違いがあるのか。それに先生は、自由に、勝手気儘《きまま》に教えてるじゃないか。何が不満なんだろうと思った。

アメリカ留学から帰ってきた先生がいて、毎週その話をする。アメリカ留学なんて当時は珍しいから、生徒も聞きたい。毎週、催促する。だから英語の授業はまったくしない。でも、アメリカ留学で、いかに嫌な思いをしたか、いかに酷《ひど》いめにあったか。そんな怨みつらみばかりだ。でも授業がなくなるので、面白がって聞いていた。

今考えると、どうでもいい話ばかりだ。覚える必要のないことばかりだ。でも、そんな「必要のないこと」だけは、しっかりと頭の中に残っている。くだらない先生、変な先生の思い出ばっかりだ。

いつもイライラして、怒鳴《どな》ってばかりいる先生もいた。自分の言葉に興奮して、いきなり生徒を殴《なぐ》る。こわくて仕方がない。いつも僕らはビクビクしていた。「実は……」と噂《うわさ》が流れた。元は優しくて、とてもいい先生だったという。ところが戦争に召集《しょうしゅう》されて、帰ってきたら人間が変わっていたという。休み時間に生徒たちがヒソヒソと話していた。親からでも聞いた話なんだろう。それを聞いて、戦争というものは何と残酷《ざんこく》なものかと〈実感〉した。

日本史や世界史の授業で戦争の残酷さは習ったはずだ。二度と戦争をしてはならない。その反省をこめて平和憲法をつくったのだ。そう教えられた。しかし、知識として教えられ、そのうち知識として頭の中から抜けていった。実感がわかなかった。唯一、実感としてわかったのが、この先生の存在だ。イライラし、怒鳴り散らす先生を見たから、「戦争は悲劇だ」と思っていた。この先生を通して、生きた「戦争」「戦争の残酷さ」を学んだようだ。

こんな先生たちから僕らは多くのことを「学んだ」。不真面目な先生、愚痴ばかり言ってる先生、文部省の悪口ばかり言ってる先生、怒鳴り散らす先生、すぐ殴る先生、授業をまったくしないで脱線ばかりしている先生。今なら「教師失格」の先生ばかりだ。他にも、理屈《りくつ》に合わないことを言う先生もいる。私生活が乱れていて噂になった先生もいる。でも、そんな問題のある先生から学んだことのほうが多いのだ。

「いい先生」や普通の先生から学んだことは知識として頭に入り、そのまま忘れた。ただ暗記したり、「そうだ」と納得したことは、それで安心して、すぐに忘れたのだろう。ところが、問題のある先生や「悪い先生」の授業は、反発したり、そんな馬鹿なと思ったことが、巨大な疑問符となって、ずーっと頭の中に残っている。これはおかしい。そんなはずはないだろう……と。そして必死で考えた。今だってまだ考えている。

こんなこともあった。中学三年のときだった。体育祭の次の日だ。「昨日、休んだ人は理由を言え」と先生が言う。「突然、腹がいたくなって」とか、「家の事情で行けなくなった」とか、一人ひとりが言う。「行けないなら、きちんと事前に届け出ないとダメだ」と先生は叱《しか》る。

クラスで一番頭のいいA君に理由を聞く。「出たくなかったからです」と彼は正直に答えた。何ら悪びれることなく、堂々と答えた。よく言えたなと僕らは驚いた。

ところが、もっと驚くことが起きた。それを聞いた先生は、激怒《げきど》した。そして、かたい出席簿で彼の頭を思いきり殴った。そして言った。「そんなときは嘘《うそ》をつくべきだ。正直に言えばいいというもんじゃない！」と。耳を疑った。

「先生！」それはないだろう、と思わず大声を出しそうになった。正直が一番大事なことだろう。

ワシントンは桜の木を切り、それを父親に正直に言った。それで父親に褒《ほ》められた。そんな話を聞いたことがある。『世界偉人伝』のような本で読んだのかもしれない。

でも、この先生は、「正直は決していいことではない」「嘘をつけ」と言う。こんなのは「教育」ではない。「悪のすすめ」じゃないのか。頭が混乱した。パニックになった。

先生は言う。「本当は出たくないが、学校の行事だから、無理に出た人もいる。嫌々《いやいや》出た人もいる。そういう人が君の答えを聞いたら、どう思う。そういう人に対する思いやり、配慮がない。そんなときは、たとえ出たくないのが本音でも、腹がいたかったとか、頭がいたかったとか、嘘を言うものだ！」

嘘のすすめだ。そんな馬鹿な！　何を言ってんだ、この先生は、と思った。他の先生は皆、「正直であれ。嘘を言ってはいけない」と言う。それなのにこの先生は、「嘘をつけ」「正直は時には人を傷つける」と言うのだ。この時は反発したが、大人になってから は、この先生の言う「嘘」を僕はよく使っている。病院に友人を見舞いに行ったときや、いろんな場面で「嘘」をついてきた。まさか正直には言えない、というときも結構あった。俺も嘘つきだな、と思う。あのときは反発したけど、あの先生の教えを守っているのかもしれない。

また、世界史の時間だった。先生が「古代・中世・近代・現代……と人間は進化したと思って、私らも教えてきたけど、逆かもしれないな。道具は進化したけど、それを使う人間は、どんどん退化しているのかもしれない」と呟《つぶや》いたのだ。生徒に言うつもりはなかったのかもしれない。何かの拍子《ひょうし》にフト、思ったのだろう。聞いていた僕らはショックだった。じゃ歴史を学ぶ意味なんてないだろうと思った。この先生は信念がないのか。いいかげんな先生だと思った。

今から考えると、歴史を学び、歴史を教えることに真摯《しんし》であり、謙虚だったのだろう。「自己否定」もあったのだろう。そう思う。でもあのときは、「何を言ってるんだ」と反発した。だから、ずっと頭の中に残っていて、考えてきたのだ。

小学校、中学校は、そんな変な先生、問題のある先生ばかりだった。いや、普通の先生、「いい先生」は、いっぱいいたのだろう。だが記憶に残ってない。高校になると、もっと酷かった。反発と疑問と矛盾の中の三年間だった。ミッションスクールだったから、毎朝礼拝がある。「聖書」の授業もある。試験もある。キリストの愛について。三位一体《さんみいったい》について。復活について。宗教改革について書かされた。でも神の愛を説きながら、校則は厳しい。少しでも破った生徒は殴られた。「神の愛を説きながら殴るのかよ！」と反発した。「鈴木、お前のことを期待している。かわいいと思うから殴るのだ！」と言う。「かわいいと思わなくていいから、殴らないでくれ！」と心の中で叫んでいた。何が神の愛だ、何がキリストの教えだ、と反発し、怨んだ。強制されたからだ。

今は、キリスト教との出会いに感謝している。世界の文学、音楽、絵画、建築を理解するのに、キリスト教は欠かせない。ミッションスクールで学んでよかった。役立ってると思う。

ただ、そう思えたのは、卒業後、二〇年以上も経ってからだ。それまでは変な学校、変な先生、理不尽な暴力をただ嫌悪し、反発しただけだ。反抗期の子どもたちは、どんないいことでも「強制」されたら反発する。

ただ、いい点もあった。ミッションスクールだから、「日の丸」「君が代」はなかった。

強制されなかった。強制されていたら、壇上《だんじょう》に駆け上がり日の丸を引きずり下ろしたかもしれない。なかったので、かえって自然な愛国心が生まれた。これはよかったと思う。

こう考えてくると、ひねくれた子どもだったようだ。たくさんいただろう「いい先生」からは何も学ばず、問題のある「悪い先生」のことばかりを執念深く覚えている。今でもまだ、「それはないだろう」と反発することもある。馬鹿な！　おかしいよ！　と叫び続けている。だからこそ、ずっと考え続けてきた。そんな先生たちに出会えてよかったと、今は思える。

「変な先生」「悪い先生」たちは身をもって教えてくれたのだろう。「学校を疑え！　俺達を疑え！」と。そして巨大な疑問符を与えてくれた。だから今も、悩み、迷い、考えている。今も「授業」を受けている。

それが本当の教育かもしれない。

すずき・くにお　一九四三年生。一水会顧問。憲法、メディアなどについて、積極的に発言を続けている。著書に『愛国と憂国と売国』『言論の不自由?!』他。

実はすごい、日本の教育

パックン

先生の皆さん、ぜひ実験してほしいことがあります。

今度、幼稚園のクラスの前に立って「絵を描きたい人？」と聞いてみてください。おそらく子どもは全員が手を挙げると思う。次に「あなたの好きな動物は？」と聞けば「せ〜の」でいっせいにみんなが声を出して返事してくれるはず。もちろんめちゃくちゃで聞き取れないだろうけど。最後に何かちょっと難しい話題を持ち出してみてください。「デフレ脱却したい人？」とか。これも楽しそうに元気良く聞けば、おそらくそれでも三分の一ぐらいの子どもが「は〜い！」と、わけもわからずに、乗り気になるんじゃないかと思う。

この実験の結果でわかることはなんでしょう？　まず、「子どもは勢いにだまされる」ということ！　僕も親として、「整理整頓したい人？」などとよく使っている手だ。でもそれよりも、小さい子どもはとにかく意見も興味も表現力も持っているということを表しているのではないでしょうか。

実験はまだ続く。次は高校生の前で同じことをやってみてください。質問内容は変えても変えなくても、おそらく結果が全然違うはず。ほとんどの質問に対してすぐに手が挙がることはないと思う。もちろん思春期特有の照れがあるし、賢くなって簡単にだまされないというい面があるだろうけど、高校生は、本当はやりたいことでも手を挙げないし、好きなことを聞かれてもすぐ大きな声で答えない人が多い。

これはパックンマックンとして講演会をやるときによく見る不思議な現象。実は僕らは全国各地で「笑って覚える英語！」や「笑撃的な国際交流！」みたいなテーマで参加型の舞台をやっている。突然の宣伝を許していただければ、そこで見つけた法則を紹介します。

学校で講演をやるときは小・中・高と、生徒の年齢が上がれば上がるほどお客さんの反応が薄くなる。その理由は「パックンマックンのネタは、低精神年齢向けだからウケない」というだけではないはず。講演を聴いている高校生だって充分笑っている。でも、舞台上から学生の発言や参加を求めたりするときは明らかに違う。小学生はすぐ話したがり、やりたがるが、中学生になるとそれが変わる。高校生になるとほとんどの子どもが目をそらすようになる。なぜか、日本では元気と年齢が反比例しているみたい。これが不思議な法則だ。

ただ、これは子どもに限る話。大人の場合は、ある程度の年齢を過ぎると一気に元気が戻る。弾み返しなのでしょうか、なぜか中年のおばちゃんたちは小学生に負けないぐらい元気なのだ。

アメリカ人の僕としてはとても驚きなこの不思議な法則だけど、その背景には教育の違いが見られるのかもしれない。

二〇年前に来日して以来、「日本の教育制度はだめだ」っていう愚痴《ぐち》をよく耳にする。特に「六年間も英語を勉強しているのに、しゃべれないなんて本当に情けない」なんていう発言が多い。でも僕はその意見に決して賛同できない。

まず、国民の何割かがまともに字が読めず、世界地図で自分の国が見つけられない国から来ているこの僕が、日本の教育制度に口を出す資格なんてないだろう。そして日本は学力調査で毎年先進国トップ級の成績を出しているというデータもある。そしてそれよりも、

「どのお店に入っていっても店員さんがしっかり対応できていること」。そして、秩序の良さからも見られるように「政府からの連絡がちゃんと国民一人一人に伝わっていること」。また、我が祖国に多い〝宇宙は六〇〇〇年前にできた〟などと主張する、むちゃくちゃな創造論者みたいな「非科学的な論点で政治を動かす人がほとんどいないこと」など……。生活して実感する数々のこういったことが、日本の教育レベルの高さを物語っている。先生の皆さんは気づいていないかもしれないが、安定した素晴らしい教育があるからこそ、この国は自然資源が少なくても繁栄し、世界一の治安を誇り、とてつもない人口密度の中でも、大都会がうまく機能している国であるんだと、僕は思う。

日本語を独学で勉強した僕は、日本の学校に通ったことはない。それでも大変お世話になっているのは間違いない。役所や交番で受ける丁寧かつ適切な対応、何を飲んでも食べても安心できる衛生環境、商品の品質、サービスの信頼性などなど、この国の暮らしのよさを支えているのは教育レベルの高さに他ならない。これらの社会的な要素は、当然のように思われているが、決してグローバルスタンダードではない。先進国でもこんなに安心感に包まれて生活できる国はなかなかない。すべて教育者たちのおかげだ。市民の一人として、先生方の仕事の成果に感謝感激。そしてなんと言っても年中と小一の子どもを持つパパの身としても感謝しきりです。

そんなヨイショめいたことを言っておきながらも、改善していただきたい点も少しある。それは文頭の不思議な話に深く関わっていることだ。ずばり、思考力、学力とともに自己表現力を育んでいただきたいということ。

僕の先輩でもあるママ友は長年アメリカで暮らして帰国し、自分の子どもを日本の学校かインターナショナルスクールかどちらに入れるのかを迷ったあげく、後者を選んだのだ。彼女は、自分が経験してきた日本の教育と、彼女の息子が受けたアメリカの教育を比較するときには、こんな風に言う。「日本は、素直な国民やきめ細かな社員など、優れたフォロワーを作ろうとする。アメリカは、みんなをリーダーにしようとする」と。

確かに団体主義と個人主義との違いが教育現場に大きく現れている。日本は、幼稚園の段階からみんな同じような上履き、ハンカチ、スモックなどを用意する。小学校だと、ランドセル、帽子、雑巾、給食袋なども加わってくる。それはそれらの物自体が似ているだけではなく、使い方、着方、洗い方、しまい方などに至るまで全てに決まり事がある。親も子も自由なアメリカ人にとっては、とても驚き。学校が求めることに、親も素直に応えられることにもびっくり。授業の内容の前に、学校環境でも「前へならえ制度」を身につけているのがわかる。最近は変わってきていると聞くけど、それでも授業の中身は、先生が教えたことを暗記して試験で吐き出す rote learning がまだ主流だという。

アメリカの学校はかなり対照的だ。例えばコロンブスの新大陸発見について。先生は「コロンブスは一四九二年に、香辛料を求め東洋までの海路を探して……」とストレートに教え込むのではなく、「さあ、みんな。コロンブスを知っている人?」とまずクラスに聞く。そうすると、その瞬間に多くの手が挙がり「Me! Me!(私！私！)」と、さされたくて必死な声が聞こえてくる。だいたい最初の子どもは「卵の人！」とちょっと的外れな答えを出したりもするが、これも授業の醍醐味《だいごみ》のひとつ。先生は気長に正解の方向に導いて、やりとりの中で少しずつコロンブスのことを知ってもらう。質問するのも先生だけじゃない。授業中にいつでも先生が生徒からの質問を受け入れる体制ができている。先生が授業を始める前に、よく「The only stupid question is the one not asked(唯一馬鹿な質問は聞かなかった質問だけだ)」と伝えておく。そこで「Why?」って、いきなり面倒くさい質問をする生徒がいたりするけど、そんな時も「いい質問だね〜」とそのまま受け入れる。池上先生の口癖が、アメリカの教室の中まで流行《はや》っているようだね。

また幼稚園のころから「Show and Tell(見せて話す)」という名前のイベントが、週一ぐらいのペースで行われる。生徒が家から好きなものを持ってきて、一人ずつみんなの前で説明する。「これはアメフトの本。パパがお母さんの日のプレゼントとして、ママにこの本をあげたら、ママがとても怒りました」みたいに、ちょっと家庭の事情も垣間見えたりする。でも、そこで、本人の表現力、プレゼン力が鍛《きた》えられる。

同じように、ディベート力も幼、小、中、高、大と、ずっと鍛えられる。「明日は○○について話すからみんな調べてきて」と先生が宿題を出し、翌日の授業中に学生同士で議論をさせる。大統領選挙中はどちらに票を入れるべきか、園児同士でもお友達を説得するのだ。「オバマ大統領が飼っている犬の方が可愛いから」と、理由もちゃんとつけさせて訓練する。そんな制度で育ったら……しっかりした大統領を毎回選べる国民になる……とまでは言えないが、ちゃんと自己主張ができる国民にはなるね。いっぱい知識があっても自己主張ができない日本人と違って、まったく知識がなくても、とにかく自己主張だけは長《た》けているアメリカ人は多い。

こんな対照的な教育制度を見比べて……

僕らが選んだのは日本の制度。インターナショナルスクールを選んだママ友と違って、僕は自分の子どもを公立の学校に行かせることにした。その理由はもちろん、安いからだ！……いや、そうじゃない（全くなくはないけど）。その理由は、日本の先生やシステムを信用しているから、尊敬しているから、信じているから、だ。自分の子どもを実際に日本の幼稚園に通わせることにして、心から実感した。元々素晴らしいシステムだし、その上、明治維新以来、常に海外から学び改善を求める伝統がある。今回僕が勧めている、双方向性のある授業も増えているし、プレゼン力、自己表現力なども重視されてきつつある。僕のこのエッセイがもう時代遅れになりつつあるってことだね。

では最後に。僕は池上先生のご紹介で、東京工業大学で教えることになった。そこでは、抜群の学力を持った理系の学生が、実にコミュニケーションで苦労している姿を、よく目の当たりにする。そこで思うのは、現在の日本人に求められているのは、きめ細かさや素直さだけではなく、教え込まれるものではない、発想力、想像力、表現力など、先生に引き出される類のものだ。グローバル化した社会で、世界との競争に勝てる人材を育てる意味合いとしても、これらのスキルを提供するのは教育者の大事な役割だ。さらに、引きこもりや不登校、いじめなどの問題を抱えている日本の学校だけど、もしかしたらそれぞれの学生が自己表現ができるようになれば、そして個人差を認めてそれぞれの特徴を伸ばすような教育環境が揃うようなら、それらの問題の解決にもつながる可能性があると思う。

僕は言ってみれば付け焼き刃の先生かもしれないけれど、僕なりにプライドや責任を持って、和と洋の両方の良さを兼ね備えた教育を目指していこうと思っている。本物の先生方も、ぜひお付き合いください。先生！　頑張ろう！

パックン（本名＝パトリック・ハーラン）　一九七〇年、アメリカ生まれ。九三年来日。吉田眞とお笑いコンビ「パックンマックン」を結成。二〇一二年から東京工業大学非常勤講師。

「抗う」こと

安田菜津紀

中高一貫、私立の女子校育ち。鎌倉の閑静な住宅地の中にある伝統校。そう聞くと「さぞかしお嬢様なのだろう」と思われる。だが、そうではない。小学校の低学年から母子家庭。中学に入ってからは、学費を免除してもらう代わりに、成績を落としてはいけないというプレッシャーに常にさらされていた。

学校の校則はとにかく厳しかった。「セーラー服の襟《えり》ラインに髪がかかってはいけない」「コンビニなど、登下校時の立ち寄りは一切不可」「携帯電話は見つけ次第没収。親が取りにくるまで返却不可」。そして、「コートを着なければマフラーをしてはいけない」という、誰に聞いても理由が答えられない校則にまで、学校が目を光らせていた。何かを注意されるたびに、私たちはたくさんの「ふり」を重ねた。反省した「ふり」、謝っている「ふり」。

誰も納得はしていないようだった。

そんな生活を過ごしていたある日、私を心の底から揺るがす事件がおきた。

中学二年の冬、父が死んだ。別々に暮らし、長く連絡をとっていなかった。父に一度、「私のこと見捨てたの」と電話で問うてみようと思っていた矢先、死の知らせがFAX一枚で我が家に送られてきた。

翌年、兄が後を追った。母親が違うため、一三歳も離れていたが、スマートで運動神経がよく、優しかった。父も、兄も、私たちのことをどう考えていたのだろうか……。問いかけても答えの返ってこない疑問が、宙吊《ちゅうづ》りとなった。

それからだった。とにかく、よく「遊んだ」。私が遊び相手に選んだのは、学校の友達ではなく、大学生やフリーター、とにかく年上。自分の知らない世界に連れて行ってくれる人を望んだ。朝までどこかで時間を過ごし、そのまま学校か、また別の遊び場所へ。自分が抱えている煮え切らない思いを、とにかく忘れたい一心だった。母が心配してくれているのは感じながら、どう向き合っていいのか分からなかった。

髪の毛を染めれば、即、教師からの呼び出し。「何だその髪は。心が乱れてる証拠だ！」「先生はどうせ、いい成績をとってれば満足なんじゃないの？」その教師は黙った。

高校一年も終わりに近づいた頃。ホームルームの時間だった。「早く終わんないかな」。春休み目前、教室はいつも以上にだれていた。「こんな募集が来てるぞ」。阿部先生という若い男の担任が、チラシを掲げて叫んでいた。アジアの「恵まれない」子どもたち、例えば路上で暮らしたり、お金で売り買いをされてしまった子どもたちの元に、日本の子どもを派遣して取材させるというNGOの無償プログラムがあるそうだ。

「興味ある人は声かけろよ」。私の最初の感想は「興味なんてない」だった。けれども次の瞬間、全く違う環境で生きている同世代の子たち、彼らは何を考えながら生きて、どんな家族観を持って、どんな風に人との絆《きずな》を結んでいるんだろうと、ふと、思った。「先生！」教室を出た阿部先生を、襲いかかるくらいの勢いで追いかけた。

応募にはレポートが必要だった。「もしも自分がストリートチルドレンだったら」というテーマ。気がつけば二日間、ほぼ寝ないで、何枚も何枚も書いた。大げさではなく、これが自分が変われる最後のチャンスのような気がしていた。

結果は合格。当時、私はパンクファッションが好きで、真っ黒服に棘《とげ》付きの首輪という恰好《かっこう》だった。ミーティングでプログラムを主催する「国境なき子どもたち」のスタッフと最初に顔を合わせたとき、私のファッションにも動じず、自然と受け入れてくれた。

派遣国はカンボジア。知識ゼロからの準備が始まった。行き先を阿部先生に報告すると、「校長先生に挨拶に行きなさい」と職員室の奥に通された。「気をつけて行って来てね」。校長はにこにこしながら言った。そして、こう続けた。「君の身に何かあったら、ほら、学校の名前が出ちゃうからさ」。私は黙った。

高二の八月。カンボジアを訪問した。タイとの国境にかかっている橋を歩いていくと、砂埃《すなぼこり》の向こうに、世界遺産のアンコール・ワットを象《かたど》ったゲートが見える。ふとその砂埃の向こうから、我先《われさき》にとこちらに向かって駆けてくる人たちが見えた。一人、二人ではない。九人、一〇人。大人から子どもまで。私が初めて向き合う「物乞《ものご》い」の人々だった。地雷のせいだろうか、手足のない人も混じる。「ドル！　ドル！」と次々と手が伸びてくる。とにかく背を向けて、必死に通り過ぎた。どうしたら誠意のある対応なのか、全く分からなかった。とんでもないところに来てしまったというのが、最初の正直な感想だった。

それから一〇日間、私たちは、自立支援施設「若者の家」に住む人たちと時間を過ごした。一五歳以上の様々なバックグラウンドを抱えた男女約四〇人が、ここで寝起きを共にし、職業訓練や学校での勉学に励んでいた。私は一六歳、出会った子たちもほぼ同い年。「言葉の違いは?」「環境の違いは?」なんて募《つの》っていた不安を、彼らは一気に崩してくれた。一緒に外で泥まみれになって遊び、同じものを食べ、手をつないだそのぬくもりを心で感じる。それだけで十分だった。

あるとき、女の子たちと恋の話題で盛り上がった。当時付き合っていた人や男友達のプリクラを見せて、「この人カッコイイ!」「この人はだめ」なんて話していたときのことだった。一人浮かない顔をする少女の姿がそこにあった。Sちゃん。普段から大人しく控えめだが、いつもにこにこと手を握ってくれる子だった。彼女の笑顔がくもったのは何故か。スタッフがそっと私に教えてくれた。「彼女は売春を強要されていたようだ」と。

「若者の家」には、〝トラフィックト・チルドレン〟と呼ばれる子たちも多く暮らしていた。日本では耳慣れない言葉だが、直訳すれば〝人身売買された子どもたち〟となる。子だくさんの貧困家庭に業者が声をかける。親が騙《だま》されて、あるいは故意に、子どもを売ってしまう。子どもは労働を強制され、物乞いや物売り、女の子の場合は売春宿に売られるケースも多かった。彼女はその被害者の一人だった。Sちゃんは過去のトラウマから、好きな男の子ができても、上手《うま》く近づくことができなかったのだ。

とてつもなく大きな後悔が心の奥底から湧《わ》きあがった。自分の軽はずみな行動で、彼女をどれだけ傷つけてしまったのだろうか。どう謝っていいのか分からないまま、最後の日になった。Sちゃんがふと、私が持っていた会話帳を取り出した。日本語・カンボジア語、両方書いてあるイラスト入りの会話帳だ。私の隣に座って、彼女は一生懸命、その会話帳の中から何か言葉を探していた。めくってもめくっても、なかなか探している言葉が見つからない。次第に彼女の目から、ぽたぽたと会話帳に涙がこぼれはじめていた。そして、やっと見つけた。彼女が指差した言葉は、「いつ、また来ますか?」だった。

「絶対に、絶対にまた戻ってくるから!」

私もいつしか泣きながら、ただ必死に日本語で繰り返した。彼女はどんなに自分が傷ついても、人への愛情を失わない人だった。彼女は、気がつくと、笑っていた。

カンボジアで学んだことの一つ。それは「無知」が人を傷つけるということだった。相手の抱える問題を知らないが故に、言葉で、行動で、その人のトラウマに触れてしまう。また、知らない人がたくさんいるが故に、大きな問題が黙殺される。まずはもっともっと、知りたい。いつしか、「学ぶ」意欲が湧いてきていた。と同時に、周りの人たちに、自分が感じたカンボジアを、伝えたくなった。Sちゃんのような思いをする子が一人でも減るように、高校生の私ができる、数少ないことだった。


秋になり、文化祭が近づいていた。この文化祭でカンボジアでの体験を話す機会が与えられた。事前に資料を持っていったときのこと。学校側から思わぬ「NO」がかかった。

「『売春』という言葉は、この場では使えません」

受験を考えている小学生、その親御さんをはじめ、学校外の関係者も文化祭を見にくる。当時「援助交際」という言葉が新聞やニュースで多々取り上げられていたこともあり、「誤解」を招くような単語は使えない、というのがその理由だった。

表では「国際的人材の育成」を謳《うた》いながら、体裁のためなら問題を黙殺するその姿勢が、許せなかった。私は怒り、猛抗議した。担当は阿部先生だった。「なんで」と詰め寄ったが、途中で言葉に詰まった。「ごめんな……」。阿部先生も、泣いていた。二年後、阿部先生は私たちの卒業と共に、この学校を去っていった。

カンボジア訪問から一〇年の月日が経った。

私は今、フォトジャーナリストとして「伝える」仕事を続けている。同時に、力を入れていることがある。毎年カンボジアへのスタディーツアーを開催し、二〇一二年から高校生チャレンジ枠を設けた。東日本大震災で大きな被害を受けた岩手・宮城・福島から二人、その他に一人、審査の上、無料で参加することができる。どちらの枠も、経済的、家庭的により困難な状況に置かれている高校生に特化したものだ。

経済的に海外に渡航できるような環境ではなかった私を、「国境なき子どもたち」がカンボジアへと連れて行ってくれた。これが、今の私の原点となっている。同じことを下の世代に返していこうと、高校生の時から考えていた。

カンボジアには虐殺《ぎゃくさつ》の歴史の爪痕《つめあと》、貧困、子どもたちを取り巻く理不尽な環境など、多くの不条理がある。参加した高校生たちはこの状況に「憤《いきどお》り」、大きな影響を受けている。

今の教育の現場の多くは、何かに従うことはいつも教えてくれる。そしてほとんど教えてくれないのは、何かに「抗《あらが》う」ということだ。理不尽なものに対して怒り、「なぜ?」と問うこと。それでも納得できない場合は、「NO」と言うこと。スタディーツアーで受け入れてきた学生たちも、DVや家族の自殺、貧困など、様々な〝生きづらさ〟を抱えていた。彼らは憤るどころか、それを打ち明けることさえできずにいた。周りの大人たちが、そもそもそんな問題を知らず、知っていても声を出さなかったからだ。不条理を黙殺することが、未来を生きる次の世代を更に生きにくい社会へと追いやる。問題を抱えながら声を出せずにいる人を、更に奥へと押しこめる。正当に「憤る」こと、「問い」続けること、「NO」を言えること。それがよりよい明日を築くエネルギーとなるのではないだろうか。

やすだ・なつき　一九八七年生。フォトジャーナリスト。Studio AFTERMODE 所属。第八回名取洋之助写真賞受賞。共著に『ファインダー越しの3・11』他。

学びの同志おっちゃん

市川 力

毎朝、子どもたちが「おはよう！　ただいま！」と元気に大声をあげて一軒家の中へ駆け込んでゆく。なんとも不思議な光景だ。私は、住宅の密集する東京都杉並区にある民家で（いまは、中野駅近くに移転）、小学一年生から六年生まで二〇人ほどが集まって学ぶ小学校の「校長」という立場にある。小学校とは言っても、学校教育法第一条によって正規に認められてはいない。相変わらず知識の習得に重きをおくことから抜け出せない既存の学びのスタイルに違和感を覚えた人々が集まってつくった「代案」となる学校、いわゆる「オルタナティヴスクール」である。

子どもたちはだれ一人として、私のことを「校長先生」とは呼ばない。それもそのはず。私自身、子どもたちの学びの中にどっぷりつかっているので、一般的な「校長先生」のイメージとは程遠い。その代わりと言ってはなんだが、子どもたちは私のことを「おっちゃん!」と呼ぶ。

私が子どもたちと取り組んでいるのは、チャレンジしがいのある面白いミッションに対し、みんなで知恵を出し合って考え、動き、自分たちなりの解をつくりあげ、何らかの成果物にまとめ、世の中へと発信するという学びである。

これまで取り組んできたミッションをいくつか挙げてみると……。

・人類はこれまで小さな力で大きな力を生み出す原理を発見してきた。その原理を活用し、子ども一人の力で車を動かすことができる装置をつくり、実際に車を引っ張ってみる。

・遠い未来、何らかの理由で地球を離れざるを得なくなった人類が宇宙に飛び出し、幾多の苦難を乗り越えつつも、ハッピーエンドを迎えるという基本設定で、リアリティのあるSFストーリーを創作し、紙芝居にまとめる。

・総理大臣候補として、電力使用量を現在より五〇%削減するという目標を達成しても幸せに暮らせることを訴える、実現可能性が高く、多くの人々に「ああそういうやり方もあったか!」と思わせるユニークな政策をまとめ、スピーチする。

・今から三〇年後、「おっちゃん」が亡くなり、葬儀に参列することになった。そのとき、自分はどんな中年になっていて、どんなことを友人と語り合うか、三〇年後の自分になりきって即興劇を行う。その後、自分が何を受け継ぎ、どう生きぬいてゆくかを弔辞として述べる。

これらのミッションは、子どもたち自身が選んだり、決めたりしたものではない。もともと興味・関心を強く持っているテーマでもない。突然、天から降ってきたようなもので、最初、子どもたちは、なんでこのミッションに取り組むのかよくわからず、モヤモヤとした違和感を抱く。しかし、「おっちゃん」は、そのミッションをやりたくてたまらないという強い思いとともに子どもたちのところにやってくる。どうしてそんなにやりたいかというと、自分が面白がりたいからである。「面白いから一緒にやろう!」と心から思って子どもたちを誘いにやってくる「変な大人」に過ぎない。子どもの「ためになる」とか、子どもが「楽しめる」とかいうような、自分を学びの外において、指導する存在としてとらえる姿勢は微塵《みじん》もない。

とはいえ、私も最初からこの境地に達したわけではない。自律的に考える子どもを育てたいと考えたとき、誰もが直面する「教えこみ」でも「放任」でもない道をどうつくりあげるかという悩みの中で悪戦苦闘した。うまく教えれば教えるほど、子どもたちは先生に依存するようになる。だからといって、自由にさせておけば好き勝手なことをやり始め、収拾がつかなくなる。この葛藤《かっとう》をどうやって打ち破ってゆけばよいか思い悩んでいたとき、子どもたちが私の中に見出した「おっちゃん」らしさこそカギであると気づいたのである。

「おっちゃんはお子ちゃんだよね」

と子どもに言われたことがあるが、まさに言い得て妙。年甲斐《としがい》もなく子どもじみた遊び心に突き動かされ、どうしたらもっと面白くなるかたくらむ茶目っ気に満ちているところに「おっちゃん」らしさがいちばんあふれている。「つまんないよ」「無理だよ」というような言葉を子どもが発したとき、この持ち味が発揮される。

「なるほど、確かにこのままだと無理だなあ。う〜ん、じゃあさあ、こう考えてみたらどうだろう？　面白くなるんじゃやない！」

間髪を入れず、ユーモアあふれた表現で、面白い側面を語り始め、子どもたちの先入観や固定観念をぐらぐら揺さぶり、突き崩しにかかる。常に虎視眈々《こしたんたん》と面白がることばかり考えているゆえにできる「おっちゃん芸」である。

思わず、「クスッ」と笑ってしまう子が現れ、「なに？　そんな見方もあったか！」と驚いてしまう子も現れる。そんな反応に呼応して、

「じゃあ、こんなふうに考えればいいかなあ？」

と自分なりのアイデアを提示する子が出てくる。すると、「おっちゃん」は、心底からうれしくなり、感動を抑えきれず、

「おお、それはいい！　そこまでは思いつかなかったなあ！　オモシロスギル！」

と興奮をあらわにしてしまう。この後、子どもたちの思考は、堰《せき》を切ったように流れ始め、「おっちゃん」の提示した発想に縛られず、もっと意外で、もっと面白い考えをどんどん生み出してゆく。

このとき、こんなこと言ったらバカにされるかも……恥ずかしい……という子どもの不安があると、大胆《だいたん》かつ斬新《ざんしん》な意見は出にくい。そういった場合も「おっちゃん」らしさの出番だ。率先して、ぶざまで不完全な自分を認め、思いっきりさらけ出すのである。そして、できないことが学びのタネになると喜び、恥ずかしいことをして動じることなく、バ

カげていると思うようなことに本気で感動する姿を見せる。「変」なところにこそ、これまでの常識を打ち破る新しい発想のタネがあるのだから、なんでも口に出しておかないと損だし、むやみに否定することに意味はないという価値観を全面に打ち出し、体現するのである。

「おっちゃん」とタッグを組んで、ミッションに取り組んでゆくプロセスを子どもたちはいつしか「仕事」と呼ぶようになった。学校という閉じた世界の中でのみ評価され、通用するお勉強ではなく、現実社会とつながり、自らの未来とつながる学びであることを感じとったからこそ生まれた絶妙のネーミングではないか。「おっちゃん」は、子どもを「仕事」によって結ばれた「同志」ととらえ、子ども扱いせず、一人前の存在として認め、本気になって一緒に「仕事」をする。

ときに、その関係は、厳しく、緊張感のあるものにならざるを得ない。なぜなら、「仕事」には、やったら終わりではすまない、質への大いなる責任が伴うからである。このことを子どもたちは「意気」に感じ、いい仕事をするためには〝つら楽しい〟(「つらい」過程を経て得られる達成感のことを子どもたちは「つら楽しい」と言うようになった)プロセスは不可避だと認識している。

「おっちゃん」は、子どもたちに対して自分の考えを率直に伝える。質の高い仕事をめざして、対案の提示やダメ出しもする。しかし、「おっちゃん」の厳しさに対して、子どもたちはまったくひるまない。「おっちゃん」の考えをまずは受け止めるものの、唯々《いい》諾々《だくだく》と従うことはない。もし「おっちゃん」がおかしいと思えば反論する。「おっちゃん」の見方を、自分たちとは感性も考え方も異なる人の意見として冷静に受け止め、自分たちのアイデアを広げる材料として利用するだけだ。こうして子どもたちは、自分たちの考えと対比する軸を得て、そこから発想力が刺激され、アイデアを柔軟に発展してゆくのである。

正解を教え、やり方を説明する伝統的教師のアプローチとは異なり、対等な関係でありながらなれあいではない関係を子どもたちとの間に築くことが、これからの「先生」には求められる。それは、「教えこみ」か「放任」かという不毛な二項対立を乗り越え、「先」に「生」まれ、「先」を「生」きているゆえに獲得した、学びの「先達」としての経験を存分に活かすように迫られるという意味での「先生」としてふるまうことだろう。その一つのあり方が「おっちゃん」だと言えよう。

「おっさん」だと、とっつきにくさと、ちょっとした嫌悪感が感じられ、「おじさん」や「おじちゃん」にはなんとなくよそよそしさと距離感がある。「お兄さん」のようなかっこよさと親近感もない。純粋なるアマチュア精神を失わずに持ち、なんとなくいい加減だから安心できて、でも、質の高い仕事への強い執念を抱くアクティヴなオタクで、ミッション完遂《かんすい》に向けて面白がって悪戦苦闘する変人こそ「おっちゃん」である。

「先生《おっちゃん》！」と呼ばれるだけのおバカになれ！　そんな気持ちで日々、学びの同志である子どもたちとともに歩み続けている。

いちかわ・ちから　一九六三年生。東京コミュニティスクール校長。著書に『探究する力』『英語を子どもに教えるな』『「教えない」英語教育』他。

八〇歳を超えた中学生

太田直子

ある日の中学二年の授業。

「先生！　奥さんは？」

今年赴任してきたばかりの先生に、好奇心旺盛《おうせい》な生徒たちから質問が飛ぶ。お茶を濁《にご》した感じの答えはさらにつっこまれた。

「他界ですか？」

単なる好奇心からか同情心からか、今どきの中学生ならまず使わないような言葉が飛び出す。五〇代半ばという男性教諭の側も戸惑《とまど》いながら、正直に答えている。

「そんなこと大人に聞くもんじゃない！」と一蹴《いっしゅう》できない雰囲気がある。だって生徒のほうがはるかに大人なのだから。

舞台は、東京都千代田区にある区立神田一橋中学校通信教育課程。戦後の混乱期、新制中学に入学できなかった人たちのためにできた通信制の公立中学校である。

新制中学校発足の翌昭和二三(一九四八)年から、当初は全国に八一校設置された中学の通信教育課程も、時代の流れとともに減少し、いまや大阪の天王寺中学と東京の神田一橋中学の二校のみ。全教科の授業があり卒業証書を出しているのは、全国で神田一橋一校だけである。

法に明記された入学資格者は、昭和二一(一九四六)年三月三一日以前の尋常小学校卒業者および国民学校修了者。つまり新制中学第一期生の昭和九(一九三四)年生まれよりも早くに生まれた人であり、最年少が今年七九歳ということになる。しかし実際は、戦争の影響によって新制中学開始後も義務教育を受けられなかった少年少女が多数おり、そうした昭和二ケタ生まれの人も受け入れている。

現在通学している生徒は総勢一〇人。五〇代の後半から八〇代半ばまで幅広いが、半数が八〇歳を超えている。夫を早くに亡くしている人も少なくなく、「他界ですか?」が単なる好奇心からではないのもうなずける。

私はこの四年間、毎月二回、日曜日に行われる通信教育課程のスクーリング、つまり面接授業にお邪魔して、半世紀を経てようやく中学生となった人たちにカメラを向けてきた。彼らは、どんな思いでここまで来たのか。

たとえば、昭和九(一九三四)年生まれのある女生徒。義務教育が始まり、かつての同級生がセーラー服姿で街を闊歩《かっぽ》するとき、背中に赤ん坊を負ぶったねんねこ姿の自分が恥ずかしくて電信柱の陰に隠れた、その日のくやしさを一生忘れないという。

国民学校では成績優秀で級長をつとめたほど。担任に勧められて受けた女学校の試験に合格した直後、父親のガダルカナルでの戦死を知る。ほかに兄弟もいるなか、進学をあきらめ、奉公に出るほかなかった。

「いまにみておれ」

そう心に誓ったその日の場面を語るとき、彼女はいつも声が震える。

それぞれの生徒が忘れられない場面を心のうちに抱えている。学校で学ぶということは彼らが何十年かかっても取り戻したかった青春の一ページだ。

そんな生徒たちを前に、教える側にも熱がこもる。平日は、一〇代の中学生と格闘している同校の先生たちが、兼任講師として授業を担当している。

日曜日の朝早くから、きれいにナイフで削った鉛筆が何本も筆箱に並んでいるのをみるとき。指をなめなめ教科書をめくるしわだらけの手をみるとき。あるいは授業のたびピカピカに磨かれた黒板をみるとき。若い先生たちは身の引き締まる思いがするのではないか。数学や英語などの苦手科目を、先生たちは実に辛抱強く、丁寧に教えている。生徒たちを見下すようなまなざしは、一度も見たことがなかった。

そして年度の最後につくる卒業文集には先生たちから毎年、こんな言葉が寄せられる。

「みなさんは人生の大先輩です」

「生徒のみなさんから、たくさん学ばせてもらいました」

以前、長期にわたって取材した埼玉県の浦和商業高校定時制課程で、先生たちが同じような姿勢で、生徒に接していたことを思い出す。

生活苦でアルバイトをしながら、必死に学校に通う生徒、親の虐待《ぎゃくたい》や養育放棄を受けながらも、懸命に普通の高校生活を楽しもうとする生徒。彼らの抱える生きづらさを知っている先生たちは、生徒たちを叱咤《しった》しながらも、すごいやつらだと認め、自分たちもまた生徒から学んでいる、と語っていた。

そんな先生たちのもとで若者たちは変わっていき、その姿はまた、先生たちの喜びと自信につながっていった。

通信制の中学と定時制高校。生徒の年齢もかける言葉も違うが、先生が目の前の生徒の人生に寄り添う姿勢は同じである。

生徒に対しては、私は少し異なったイメージを持っていた。定時制の若者たちは学校で変わり、その姿をカメラで追うことができたが、高齢の生徒たちにその変化を期待するのは難しい、と思っていたのである。学ぶ喜びを味わい、充実した姿をみることができても、十分に大人になった生徒が変わるなどということは考えてもみなかった。

しかしそれは誤りだったと最近、気づいた。今年度最初の学活で行われた自己紹介。七一歳になる中学三年の男性がこんなことを語った。

「自分は気が短くて、すぐに怒る性格だったのが、この学校に来て、勉強して、一八〇度変わりました。勉強して、仏のようになりました」

照れくさいのか笑いをとるように言ったその言葉の意味を、私はしみじみと噛《か》みしめて、泣きそうになった。あとで、入学当初、声をかけたときのぶっきらぼうな受け答えを思い出した。小学校卒業後、溶接工をはじめいくつもの職をこなしてきた几帳面《きちょうめん》な男性である。学校はいくつになっても人を変える力をもつ場所だ。そして、その場所を演出するのが、先生である。

その彼が二年生の時、私の心に残る授業があった。英語の授業である。

五〇代半ばの女性教諭は、当時七〇歳の男女二人の生徒のために教材を特別に用意していた。パキスタンで女子教育の大切さを訴えてイスラム原理主義武装勢力に襲われた少女、マララさんのことを報じた英文記事である。

そして生徒にそれぞれ辞書を渡し、education という言葉を引かせた。教育という言葉の意味を、その大切さを身をもって実感している人たちに、自ら摑《つか》んでほしいと先生は語った。

その後、訳出させた文章は南アフリカで黒人差別と闘ったネルソン・マンデラ氏のマララさんへのメッセージ。「教育は、世界を変える最強の武器です」という一文があった。

七〇歳の女性はその後、課題のレポートに書いた。

「一五歳にしてこんなにしっかりした考えを持っているすばらしさ。やはり教育を受けているからでしょう。将来こういう方達がしっかりと世の中で意見を云える日が来ると信じたいです」

教育を受けることを決してあきらめないという少女に思いを馳《は》せ、エールを送るとき、生徒たちは自分の人生をまた一つ、相対化し、乗り越えることができたのだと思う。先生は、教科書にはない教材によって、七〇歳の生徒の人生と世界の現実とをつなげた。

通信制の生徒たちをみていると、どんなに年をとっていても、ふとした瞬間に一〇代の少女のようにみえることがある。級友と語らい、けらけらと笑っているとき、そして「先生！」と甘えるように呼ぶとき。

もちろん話の内容は夫の介護や健康上の悩みなど、一〇代とは大きくかけ離れているが、学校という場で先生を前にしたとき、年の違いを超えて、生徒たちは互いに平等な存在、同級生となる。

わからないところを教え合い、昼時に弁当のおかずやおやつをわけあう、損得のない仲間。大人になったぶんだけ少女の頃の恥じらいも影をひそめ、ぶつかりあうこともあるが、そこは十人十色。きちんとおさめ役の人がいたりして、何となくまとまっている。

彼らをみていると、当たり前のように思春期に同級生を持ち、支え支えられしてきたことの大切さをあらためて思う。

本当は、思春期に欲しかった同級生との語らいをも、通信制の生徒たちはここで取り戻している。

「私ね、先生のことを父親のように思うことがあるの」

八〇歳を超えたご婦人がそういうのを聞いたことがある。先生は五〇歳。息子のような年代である。学校の中では学びを前にして、先生と生徒の関係は、年齢がどうあれ変わることはないのだと思った。

ある年の通信制の卒業式。校門から去る生徒たちを見送った担当の先生は、最後の一人の姿が見えなくなるまで門の外にじっと立っていた。

「あの人たちに、どれだけのことをしてあげられたかなあって毎年思うんですよ」

そうぽつりと言ったまなざしは、まるで父親のようだった。

おおた・なおこ　一九六四年生。高校非常勤講師などを経て、ドキュメンタリー映画監督に。『月あかりの下で——ある定時制高校の記憶』は映画賞を多数受賞。

紅茶の味

李相日

その人と出会ったのは、高校二年の時だった。

当時付き合っていた同級生の女の子が友人の勧めで、とある私塾に通い出した。放課後、部活が休みの時は特にやることもなく、彼女と街をうろついて過ごしたりしていた。彼女が私塾に行っている間、暇《ひま》な僕はただ最寄り駅のマックで時間を潰《つぶ》していた。今から考えるとちょっとしたストーカーだ。

「だったら一緒にくれば？」

その日、ストーカーを見かねた彼女について行き、Y先生に出会った。〝闊達《かったつ》〟を画に描いたようなおばちゃんだった。歳の頃は母親より十近く上か。私塾と言っても、自宅のダイニングでの一対一だ。

どういうわけか、次の週から僕も通うことになった。自慢じゃないが、習い事や塾など通ったことがない。必然の出会いは、物事の経緯を吹き飛ばすのかもしれない。とりあえず、週一回の英語。

若い頃、アメリカに留学していたY先生は、主に英語を教えていた。同じく日本からの留学生だった旦那さんと出会い、学生結婚。二人の娘をもうけ、しばらくはアメリカで生活していた。そのためか、お宅もどこか異な趣きがある。ソファには真っ黒な洋犬が陣取っていた。

誤解のないように言っておくと、Y先生は何も富豪令嬢ではない。結婚当初は学生だったせいか生活も苦しかったという。それでも、なぜだか毎日楽しくて仕方なかったと快活に笑う。

話は前後するが、僕は小学校から朝鮮学校、いわゆる北朝鮮系の民族学校に通っていた。〝歴史〟を学び、〝誇り〟を植え付けられるために。

日本で生まれ育ったが、日本人ではない。自分たちのルーツ、戦争、差別との闘い……。どんな流れの中で今、自分はここに立っているのか。

自分の血はどんな匂いがするのか。

良く言えば、情熱はある。朝鮮学校で出会った先生たちのことだ。何故、あれやこれが駄目なのか？　何故、こうと言ったことに従う必要があるのか？　それはもう鮮やかなほど理由はない。駄目なものはダメ。そこに容赦はなく、鉄拳《てっけん》も辞さない。

翻《ひるがえ》って今、聞こえてくる話だけで想像するに、日本の学校の先生たちは軟弱に見える。体罰ひとつで批判に晒《さら》される環境の中では、自己防衛本能が働いてしまうのかもしれない。時代が違うと言えばそれまでだが……。

——話を戻そう。とにかく、息巻く朝鮮学校の先生たちの思いも分かる。分かる気もするが、時には、自分の血の匂いにむせ返ることだってある。

高校生になった頃には、〝民族教育〟から距離を置きたくて仕方なかった。どこか冷めた気分で周りを眺めてもいた。歴史も分かった。それなりに誇りも持ったつもりだ。

知りたいのは、未来だった。

学校から見渡せる道の先には、心躍るモノがなにひとつなかった。何か違う道を。どこか別の場所へ。航海図もなければ、羅針盤もない。ただ茫洋《ぼうよう》と海を眺めているだけだった。

Y先生宅は僕にとって初めての〝日本人の家〟だ。

おかしな話だが、日常生活の中で日本人と接触する機会はほとんどなかった。あの頃は世界が全て学校に凝縮されていた。友達も全部在日。当然、友達の家に行くと親御さんもそう。学校の中と家以外の場所は、異国だった。

先生の旦那さんは病理学の研究者で、こちらも日々〝先生!〟と呼ばれている。二人の娘さんも一流大学に籍を置き、それこそ授業の後には紅茶が出る。友達のお母さんにビールを出してもらったことはあったが、「ティーカップに紅茶」はない。

当時、Y先生の元には一〇人近くが通っていた。全て、朝鮮学校の生徒たちだ。たまたま知り合いの子を一人教え始めたのがきっかけだったと言う。

――朝鮮学校の子たちを、どうにか手助けしてあげられないものか。

Y先生の偽《いつわ》らざる思いだ。

朝鮮学校の生徒たちの学力は、当時、低かった。経済状況や受験資格のことなどもあいまって、大学進学率は全体の三割程度だ。しかも、そのほとんどは落ちるのが難しいと内々で揶揄《やゆ》される朝鮮大学校で、日本の大学に進学するのは一割にも満たなかった。

Y先生は真っ直ぐな怒りを持っていた。民族教育に偏《かたよ》って、学力向上が二の次になる朝鮮学校に。そして、朝鮮学校を各種学校としか認可せず、門戸を閉ざす国の態度にも。

——日本人と対等に渡り合うためには、日本人と同じステージに立たなければならない。

Y先生の持論だ。

通うごとにY先生との対話も増えていった。時には、授業時間より紅茶を啜《すす》りながら会話する時間の方が多くなるほどに。もともと機関銃のようにしゃべる先生だったが、いつの間にか僕も自分の思いを口にするようになっていた。

〝力〟を欲していた。どうせ制度上の差別も、人の心に潜む差別もこの地上から無くなることはない。であれば、力を持ち、差別の届かない超然とした領域に存在したい……。

祖父母や両親の時代と違い、大した差別を味わったわけではない。大半は若者特有の誇大な妄想《もうそう》だったはずだ。だとしても、自分の中で淀《よど》んでいる違和感を、きちんと向き合って聞いてくれる大人がいる。そのことが嬉しかった。

僕の下の名前はカタカナだと「サンイル」と表記するが、正しくはイとルが合わさった巻き舌のような発音をする。ただ、これが日本人にはなかなか出来ない。文章だと表現しづらいのがもどかしいが。〝ジョージ〟を〝譲二〟と呼ぶような。いや、韓国人が〝まっ子〟を〝マチュコ〟と発音してしまう方が近いか……。

何にせよ、Y先生は思いっきりカタカナ発音で「サンイル」と呼ぶ。サンイル、サンイルーと連呼されるとどこかくすぐったい。今までなかった感覚だった。狭い世界の外側から、初めて自分が呼ばれ、認識された瞬間のような気がした。

若者の〝目を啓《ひら》く〟のは、いつだって先に生まれた者の大切な役割だ。あの人に出会ってなければ……この人に出会ってなければ……。人生は出会いによって幾通りにも枝分かれする。

「サンイル、あなた日本の大学に入りなさい」

もうすぐ三年生になる矢先、Y先生はこともなげに言った。

——そこから、世界を広げて行きなさい。何になるかなんて入ってから考えればいいのよ。まずは一緒にやりましょう。

ということで、あっさりと受験態勢に入った。

日本の大学を受験すると言ってからは、卒業後の進路指導からも蚊帳《かや》の外だ。多分、朝鮮学校の先生たちにはどう扱ってよいのか分からなかったんだろう。

そんな折、元々相性の悪さにかけてはピカイチの先生から殴《なぐ》られた。理由は憶えていない。多分些細《ささい》なことだったはずだ。

殴られたこと自体は大したことではない。今巷《ちまた》で騒いでいる体罰なんて、あの頃の朝鮮学校ではちょっとしたスキンシップみたいなものだ。悪いことをしたんだから殴られる。生徒も、親もそれで納得していた。

うちの母親もそうだった。何かが納得できなかった僕の話を受けてその先生に電話したが、のっけからもっと殴ってくれて結構、となる。

——ただし、

「先生はうちの息子のことを好きですか？　本当は嫌いなんじゃないですか？」

言葉を濁そうとしてうまくいかなかったのか、先生は至極正直に、「好きじゃありません」と答えた。もう笑うしかない。

「であれば、情がないのなら、あの子がどうなろうと関知しないで放っといて下さい」

受話器を置いた母親は「人には相性てもんがあるからねぇ」と笑った。

今になれば分かる。自分がどれだけ可愛げのない嫌な生徒だったたか。——もうあなたたちには何の期待もしていない。口にこそ出さないが、子どもの僕の考えなど手に取るように透けて見えていたはずだ。よく一発で済んだと、妙に感心してしまう。

こう書いてみると、「Y先生＝善、朝鮮学校の先生＝悪」に見える。そんな図式に落とし込みたいわけじゃない。

余談だが、国籍の話ではY先生とは意見が合わなかった。娘さんたちがアメリカで生まれているY先生にとっては、僕らが日本国籍になればいいんじゃないかと言う。そこは素直に「はい」とはいかない。

〝歴史〟と〝誇り〟がブレンドされた血が、もう身体の中に流れてしまっている。

韓国の徴兵に行ってもいないし、行きたくもない。生まれ育った日本が一番なのは言うまでもない。韓国政府高官の「原爆は神の罰」なんて無茶苦茶なことを聞くとうんざりする。自分は傷つかない安全な場所で勝手なこと言いやがって……まあ、そんなことはいい。一二年の間、朝鮮学校の個性的な先生たちとの擦《す》れ合いの中で積み重ねたものがある。——己を知る。

怒りもあり、反抗もあった。理不尽なことは世の常だと今なら重々分かる。肝心なことは、今、自分の中に確かに〝己が居る〟ということ。

思えば、僕は運が良い。もがき、足掻《あが》いてジタバタする場所に君臨する大人と、片一方で自由の空気を見せてくれる大人と。

どちらが欠けてもつまらない。抑圧があるから自由は心地良い。壁があるから、その先に想いを馳《は》せる。子どもたちが抱える絶望、希望、欲望、葛藤……。

時に突き放し、時にはたっぷりと付き合うのが先に生まれた者の役割だとしたら。自分自身もそんな年齢になりつつあると思うと、恐ろしくて仕方ない。

リ・サンイル　一九七四年生。映画監督。日本映画学校卒業制作『青〜chong〜』で注目を集める。代表作に『フラガール』『悪人』『許されざる者』など。

ことばの裏にある子どもの声を聴く

渡辺恵津子

「はい、ひろ子ちゃん、ひろみちゃん、さようなら」

「先生、さようなら」

仲良し三人で下校途中、担任の先生とすれ違ったので、一緒に「さようなら」を言いました。でも、先生は私の名前を言ってくれませんでした。本当に些細《ささい》な出来事。でも、一年生の小さな胸には棘《とげ》が刺さったような痛みが残っていたのを、なぜか忘れることができません。「先生」と呼んで、「先生」と呼ばれて数十年。そのことばの裏にはいろいろな思いが込められているのです。

長い間、小学校の教師をしていた私は、子どもたちや親、さらに同僚から、何度も「先生」と呼ばれてきました。大人たちは、はっきりと伝えたいことがあって呼びかけてきますが、子どもたちは忙しく走り回る先生に気を遣《つか》いながら、何かを尋《たず》ねたり、許可を得たりする時に「先生」と呼びかけてきます。大人のように話したいことを、そう簡単に表現しているとは限らないのが子どもです。乱暴なことばや裏返しのことば、言葉にはならないことばで思いを伝えようとしていることがたびたびでした。一人ひとりの言動の裏にある心の声は、聴こうとしないと聴くことはできず、見ようとしないと見ることはできません。

教育の仕事は、子どもたちの言動の裏に隠された一人ひとりの思いや願いを、その社会的な背景や生活も含めて深く理解することなしには成り立たないと思っています。そして、子どもたちの柔らかい胸の内を丁寧に感じとろうとする教師のアンテナは、「先生」と呼ばれ続けるなかで磨かれていくのではないかと思っています。

一年生の時に、花壇のチューリップの花を全部とってしまったのはまさお君です、人一倍体も大きく、感情を外に出すことが上手にできないまさお君は、何でも力で解決しようとしていました。授業中も立ち歩いて友だちに悪戯《いたずら》をするので、トラブルが絶えません。今はお父さんとお姉ちゃんとの三人暮らし。夜勤のお父さんとは生活時間も違い、朝ごはん抜きで登校することも少なくありませんでした。若い担任の先生は、そんなまさお君に困り果てていました。

「恵津子先生、どうしたらいいのでしょう」という相談に、まさお君がやりたくなるような授業づくりや楽しい学級での取り組みを紹介し、さらに、おうちの人と学童保育の指導員さんとの交換ノートも勧めました。まさお君が抱えるイライラや寂《さび》しさを、大人たちがつながって受け止めることが必要だと思ったからです。交換ノートが始まって立ち歩きやちょっかいが減ったわけではありませんが、放課後も、子どもや授業のことを先生たちが語り合うようになって、まさお君にも少し変化が出てきました。

二年生になり、まさお君は私のクラスになりました。初日から、名前を読んでも机の下に潜《もぐ》り込んで出てきません。女の子たちからは、「まさおと一緒のクラスなんて嫌だあ。いつも乱暴するんだもの」と泣かれる始末でした。

子どもたちには課題に「恵津子先生へのお願い」を書いてもらうことにしました。「宿題」「給食」「授業」「遊び」等、たくさんの〝お願い〟が届けられたので、一つひとつに応えていると、次はまさお君の番です。

「ぼくがわるいことお(を)したら、やさしくおこて(おこって)ください。」

たどたどしい文字の中に、いつも怒られてばかりいたまさお君の思いが見えました。私は、ひと際大きな声で、

「まさお君は『やさしくおこってください』と書いていますが、私はやさしくなんかおこりません！」

「私は、まさお君のいいところをたくさん見つけて、たくさん褒《ほ》めたいと思います」

と言いました。そっぽを向いたまさお君。でも彼の表情が少し動いたような気がしました。「これならつながれる、何とかなる」と確信できたのは、間もなくしてからのこと。名前を呼んだ時に、机の下からまさお君の「ほー」という声が返ってきたのです。

授業では、まさお君は友だちにちょっかいを出したり、机に突っ伏したりしてなかなか

集中しません。でも、以前のように教室内を立ち歩くことはほとんどなくなっていました。

そんなある日、隣の席の祥《しょう》君から苦情が出てしまいました。

「みなさん聞いてください。まさお君はいつも授業中に僕のものを取ったり、たたいたりして絵本の『となりのせきのますだくん』みたいなんです。どうしたらいいですか」

子どもたちからは、いろいろな意見が出されました。まさお君は大好きな祥君の抗議なのでちゃんと聞いています。ひろむ君が言いました。

「あのさ、まさおはちょっかい出しているけど、本当は祥ちゃんと遊びたいんじゃないの？」

小さくうなずくまさお君。

「じゃあ、ちゃんと口で言えばいいじゃないか。『仲間に入れて』ってさ」

ひろむ君の助言が救ってくれました。

ところが数日後、まさお君が痛そうに股間《こかん》を抑えて、ヨタヨタと歩いてきたのです。

「先生！　ひかるが俺のここを蹴《け》ったあ！　痛てえよ！」

「でも、オレ、あいつのことぶたなかったよ。言ってやったんだ。『おまえ、おれと遊びてえのか?』って。」

蹴られたのに、この間のひろむ君のことばをちゃんと受け止めていたまさお君。

「えらかったねえ。乱暴しないでちゃんと聞けたんだ。さすが二年生だね」

思わず頭を撫《な》でてしまいました。何でも人のせいにしては泣きわめくひかる君も、この時ばかりは神妙な面持《おもも》ちで、「ごめんね」と言っていました。自分を認めてくれる安心の居場所が、子どもたち一人ひとりにとって何よりも重要であることを、二人は教えてくれました。

冬、校庭に雪が積もりました。多くの子が雪合戦をしている校庭の端に、まさお君と一緒に大きな雪だるまを作りました。

「先生、三月でもう終わり?」

「うん」

「でも、先生だよね」

「そうだね、これからもずっと……」

そのことばを聞きながら、私の心の中は何だか温かくなりました。

教室にはイライラを抱えている子、温もりを求めている子、寡黙《かもく》な子などのほかに、今は「いい子のつらさ」を抱えた子も増えてきているように思います。

「先生！　どうしてこんな通知表を持たせたんですか！」

通知表を片手にひらつかせながら、すごい剣幕《けんまく》で一年生のゆう子さんのお母さんが、「汚い通知表を持たせた」と担任に抗議に来たのです。担任がいくら「元はこうではなかった」と説明しても耳を貸さないお母さん。

押し問答はしばらく続き、他の先生たちが駆けつけて来て、やっと落ち着いて話ができるようになりました。〝何でもできるいい子〟をお母さんに認めてもらいたくて、ゆう子さんが初めての通知表を「△から○に」改ざんしてしまったのです。何でも上手にこなすゆう子さんでしたが、二年生になってからも九〇点のテストを「採点が間違っていた」と自分で書き直して担任に見せに来ていました。「自分を認めてほしい」という思い、ゆう子さんは「いい子」でいるつらさを抱えていたのです。

その後、通知表のことで抗議に来たお母さん自身も、同じように「いい親」でいるつらるということがわかりました。遠くにいるお姑《しゅうとめ》さんから、孫の成績の点検？　があるというのです。

子どもたちは、それぞれの生活やいろんな思いをランドセルに詰め込んで学校に来ています。そして、どの子も心の声を持っているのです。子どもたちや、親たちから「先生」と呼ばれるこの仕事、呼びかけられた後に続くことばの裏にある思いや願いに耳を傾け、心の声を聴けることこそが、求められているように思います。教師の仕事は相手があって初めて成り立つのですから。私たちは、まさお君が言うようにずっと「先生」と呼び続けられながら、先生として育っていくのではないかと思います。

わたなべ・えつこ　一九五一年生。長年、公立小学校の教員をつとめ、現在は大東文化大学教員。著書に『こどもといっしょにたのしくさんすう』『いきいき算数一年の授業』他。

「消費者的感覚」に立ち向かう

武富健治

学校教育に関して、例えば何か事件が起きたときの報道などを観たり聴いたり読んだりした時、常に感じることがあります。「消費者的」に学校教育をあれこれ言うこと、その前提としてまず「消費者的」に感じること自体が世間で当たり前になりすぎているということです。保護者の方々も「わが子を守る」と息巻いて教師や学校をあからさまに非難し、街頭で、あるいは家のパソコンなどを前にして、実際には子を持たない人間までも、当然その権利があるかのように「がっかり」感をあらわにして、好き放題に「現代日本の学校教育」をこきおろす。そうしたノイズを、「聴くべき貴重な声」として番組なども好意的に紹介する。この様相が異常であること、をまず「感じることができる」ようにするところから、「教育の再生」はスタートすべきかと思っています。そういう意味で、一番声を投げかけたいのは「そこのあなた！」なのです。

おそらく、現場の先生たちにとって今一番の励ましとなるのは、先生たちに向けて何か温かいことを言うことよりも、彼らをとりかこむ「消費者的」な「そこのあなた」に対して、叱る言葉を投げかけることではないかと思うのですが、いかがでしょうか。

私は、小中高と、教師を深く憎むような体験が少ないまま大人になりました。そんな中で辛かったこととして覚えているのは、いけないことをした生徒をなんで先生はちゃんときつく叱らないのだろう？　ということでした。先生が友人同士の諍《いさか》いを裁くとき、本来両方が叱られるべきところを片方だけ叱られたり、片方がより強く叱られるべきところを両成敗《りょうせいばい》にしたりするような不条理を目にすることもありました。それへの不満を先生に訴えたこともありますし、言えないままそっと不遇な友人を慰《なぐさ》めたりするのにとどまったこともありますし、何もできないまま心にとどめてしまったこともあります。

そうした時と同じように、今、先生や学校ばかりが叱られて、学校教育に対して好き勝手を言っている人たちはなぜ叱られずに済んでいるんだろう、と悔しく思っているのです。もしかしたら、私が勝手に憤《いきどお》っているだけで、それが先生たちへの励ましになるかどうかはわからないのですが……。

我々には、「消費者的」な感じ方が、すっかり身に沁《し》みついてしまっているように思います。保護者として直接学校教育の世話になる時はもちろん、そうでない場合ですら、消費者感覚で学校教育をとらえがちです。では、「消費者」というのは何者でしょう。簡単に言えば「お客さま」ですが、「お客さま」という言葉にはまだ、「利用させて頂いている」という意識があるように思います。「お客さま」から「利用させて頂いている」という意識をさらに削《そ》いだ存在が「消費者」と言えるのではないかと思っています。

「消費者」という語は、過去も今も、特別なニュアンスを帯びることなく当たり前に使用されています。しかし、しげしげとこの語を眺めて考えてみると、相当に凶悪な言葉ではないかと思えてきます。人間は生きるために、さまざまなシステムやそれによってもたらされるモノを「利用」して、「摂取」し「活用」しています。しかしながら、そういう存在を示す語として「利用者」でも「摂取者」でも「活用者」でもなく、「消費者」という言葉が使われています。

「消費する者」。

この中には、「摂取する」つまり「それをありがたく血肉にする」というニュアンスも、「活用する」といった「頂いた分恩返し」のニュアンスも全く含まれません。「摂取」も「活用」もせずに、ただ「消費」してもかまわないという存在なのです。そう考えると、「独裁者」「破壊者」などと並んで使用されてもおかしくない凶悪な語だと思えませんか。

名前はしょせん名前ですが、それでも、そうした名前を名乗ることで、自ずと意識は変わってくると思います。「消費者」でなにがいけないの？　と感じること自体、かなりこの言葉の持つ凶悪さ、傲慢《ごうまん》さが染み入って影響を受けている結果のようにも思います。

我々が学校教育に関して自らを「消費者」と名乗ることはありません。これは、普段「消費者」を名乗ることに違和感を覚えない我々も、心のどこかでこの言葉の「傲慢さ」を自覚しているからではないでしょうか。ここに、ある種の救い、可能性を感じています。

学校教育に関しては「消費者」を名乗らないこと、これがイコール「学校教育に関しては『消費者』的にふるまわない」ことであれば、全く問題ないのです。しかし実際には、すっかり「消費者感覚」で接してしまっていることも多いように思います。

「文句を言う」「不満を訴える」「自分の立場から思いつきの意見を一方的に提出する」、これらは「消費者」特有の行動で、その行動のもとになるのが「消費者感覚」です。しかも「消費者」は、「権利」としてそう考えるというだけでなく、そう考えて意見するのが「仕事」とすら考えているのです。こんなことが「仕事」になるというのは、いったい「消費者」というのはどこの殿様でしょうか？　しかし我々は普段、ニュースなどで「消費者の立場で……」という言い方を耳にしても違和感を覚えることはありません。我々は「文句を言う」ということを「消費者の仕事」として、ほとんど認めてしまっているのです。実は、社会や自分自身をこうした普段の意識の問題から見つめ直すことが、学校教育一つ考えるにつけても、前提としてたいへん重要なことだと思っています。

現在の日本の学校教育は、「消費者」を名乗りはしないものの、実質「消費者感覚」にだいぶ浸食されてしまっている人々の考え方や意見に囲まれ、大変「しんどい」状況にあると思います。しかも、困ったことにこの問題を真っ向から、授業など学校教育の場で扱うことはとても難しいですよね。まさか教壇に立つ先生が「君たち、学校に対して消費者感覚で甘えるのはやめたまえ」とは言えないですし、むしろ逆効果にすらなってしまいます。現状で可能かと思えるのは、子どもたち（や保護者）が背中から学んでくれることを祈りつつ、先生自身が自らにも沁みついた消費者感覚に批判的に向き合い、文句や権利云々にまみれない生き様を見せることくらいでしょうか。日々常に粋《いき》に見せるのは難しいかもしれませんが、もし自らの消費者的な感覚に対して立ち向かい、葛藤《かっとう》して、そのためにうじうじしている弱い姿を見せてしまっても、自分の立場を守るために揺るがず凛《りん》としている姿を見せるより、よほど子どもの、時には保護者や同僚の心をも打つかと思います。

実際、現在の日本を覆《おお》う消費者的な考え方、ものの言い方に対し、どうなんだろうと思っている家庭も少なくないかと思います。そういう家庭教育を実践している保護者の方も多いでしょうし、場合によっては、子ども自身がまずそういう感じ方をして、親がその影響で変わってきている例も少なくないように思います。先生自身が、自らの消費者意識と葛藤して戦う姿勢に意識的になれば、同じ波長の「同志」が、いろいろなところに見つかると思います。既《すで》にそれを実感されている先生方も多いのではないでしょうか。

このように書くのも、それなりに実感を持っているからです。ここに書いたようなことをあからさまに提示した『鈴木先生』という漫画を七年間連載しましたが、大ヒットにはならなかったとはいえ、食っていけるだけの印税を得られ、ドラマ化・映画化など（これも大ヒットにはなりませんでしたが）社会的にもある程度受け入れてもらうことができました。個人的にも深い共感を示して下さったファンの方が大勢おり、教職、保護者の方々はもちろん、小中学生からも的を射た感想が届くこともあるのです。これは、発信し続けてみなければわからないことでした。この作品を手掛ける以前は、世の中の嫌な情報しか入って来ず、日本はただ悪い方向にしか行っていない、世界は党派的に分断され、それぞれが自分の立場でものを言い合って陣地取りをしている、同志などどこにもいないと思い込んでいたのです。

もちろん、ここ数年間で、人々の意識はほんとうに進化・成熟してきているということもあるかと思います。それはそれで、期待を寄せることができる実感です。しかし、閉じていたそれまでの自分の波長では「見えなかった」ということもあるかと思うのです。

「同志」は、様々なところに散らばっていると思います。世論は、現場対論者、学校対保護者、など立場による対立を強調して、現実をそういう方向に持っていきたがりますが、実際には、同僚の中にも少し、保護者の中にも少し、子どもたちの中にも少し、と、同志は散りばめられて存在しているものではないでしょうか。そういう人たちと、あからさまに「同盟」を組んで党派を築く必要もなく、様々な場においてそっとアイコンタクトで「仲間がいる」ことを互いに実感しながら、密かに協力してつまらないぎすぎすした「諸問題」を乗り越えていったり、乗り越えられなかった時にはその辛さや悲しみを共有したりしていけばいいのではないかと思うのです。

『鈴木先生』は、公立中学を舞台とした物語ですが、決してドキュメンタリー的な取材リアリズムで構築したものではなく、寓話《ぐうわ》的に問題を示唆《しさ》することを主眼とした作品です。しかしながらその中で、一つ決め事がありました。今回強調して取り上げた「消費者感覚」ということを含め、学校教育の現場には様々な制約があるかと思いますが、基本的に鈴木先生には、その枠の中で戦わせることにしたのです。例えば、鈴木先生は「体罰」の問題にはいくつか考えを持っていて、けっして「体罰一切反対派」ではないのですが、物語の中では、今の世の中で「体罰」と言われそうなことは敢《あ》えて使わないで何とか解決する道を選ぶのです。また、現行の何かをやむなく逸脱《いつだつ》する場合は、「一休さん」の頓智《とんち》のような工夫を凝らして、のらりくらりと上手に切り抜けることを目指します。そして一筋の光明が見える際には思い切って勝負に出ます。「光明」が一筋ながら相当に確実である場合のみ、勢い任せではなく人知を尽くして戦います。

これは一つの理想像ですが、重要なのは、主義や理想を持ちながらも、本当に枠を壊して新たな枠を作り得るチャンスに恵まれなければ、現場の現実を優先し、定められた枠の中で小さくとも戦う姿勢です。

私も最近では、漫画家として「武富先生」と呼ばれることが増えています。同じく「先生」を演じて生きざるを得ない者として、この現実の中で、夢を捨てずに、夢に溺《おぼ》れず、同志を見出しながら、なんとかかんとか頑張っていきましょうと言わせて頂きたい。

先生！ 頑張って！

たけとみ・けんじ 一九七〇年生。漫画家。ドラマ・映画化された『鈴木先生』が話題に。

作る、壊す、作る

武田美穂

ここは工業地帯のほど近くにある小学校。私はワークショップの講師として、今日はここにやってきました。どんな子どもたちとの出会いがあるかな？

ワークショップのお題は「秘密基地」。参加する四年一組三〇人は、六つの班に分かれ、それぞれどんな基地にするか構想を練ってきました。わくわくした顔が、ずらっと並び迎えてくれました。

会場の体育館の真ん中に大きなブルーシートが敷かれ、壁際には段ボールや、カラフルな紙、ビニール、布などが積まれています。ごあいさつとウォーミングアップは完了。すっかり打ち解けたところで、

「用意、スタート！」

私の声に、子どもたちが駆け出します。段ボールを引きずってブルーシートの上に運び、組み立てが始まりました。

中空《ちゅうくう》にしてタワーのような背の高い基地を作る班があります。入口には敵の侵入を知らせる、ビニールのプチプチを貼り付けています。

別の班は、天井部分の段ボールに穴をあけ、そこに色のビニールを貼っています。扉を閉め暗くすると、星がまたたくような幻想的な空間に。大人には内緒の特別な空間です。

お互い協力し合ってと言いたいですが、なかには作業が苦手で、友だちの作業にうまく加われない子も。でも成り行きを見る目は楽しそうです。

形がどんどんいびつになっていく班もあります。この日は新聞の取材スタッフも入っていたせいでしょうか。先生はカッコよく仕上げさせたいらしい。子どもにあれこれ助言を始めました。

「先生。先生! カッコ悪くてもいいんです。子どもたちが楽しんでいるその形が、一番なんですよ」

人の評価を気にせず、遊びまくって作った秘密基地の素敵なこと。低学年の子どもたちにもその基地で遊んでもらい、大盛り上がり。

「じゃあ、最後。この基地をこれから壊しまーす」

と、私が宣言。

「えー、もったいなーい!」

いっせいに子どもたちから声があがります。「もうちょっと遊ばせて」「じゃあ、あと一〇分だけね」。そうこうしているうちに、だんだんと壊すことが遊びに。壊し始めるともう夢中です。作るときは遠慮がちだった子も、壊すときは大活躍。

そう、創造と破壊はとなり合わせ。破壊するから、また次の創造が生まれるんです。時間が経ってほこりまみれになった秘密基地が、いつかゴミ置き場に置かれているのを目撃するより、作った自分たちで壊す方がいいと思いませんか?


私の絵本に「みほちゃん」と「ますだくん」が登場する絵本があります。みほちゃんは小学一年生。タマネギとニンジンが苦手で、給食の時間はべそをかいています。算数も体育も大の苦手。そんなみほちゃんの世話をしきりに焼くのが、となりの席のますだくん。

親切だけど、ちょっと乱暴なますだくんに、みほちゃんはびくびくしています。

私と名前が一緒なので、「武田さん自身のことなんでしょ?」とおっしゃる方も多いのですが、「みほちゃん」が自分の心のうちをそれなりにわかっているのに比べ、私はもっと混沌《こんとん》とした「カオス」状態にある子どもでした。

いろいろな言葉が頭の中に入ってきてはいるのでしょうが、それがちっとも統合されていない。授業中は、ぼーっと窓の外を見ていました。おとなしくて、人畜無害《じんちくむがい》。担任の先生は普通学級でついていけるか心配したようですが、それは後に母から聞いた話。お絵描きが好きという以外、クラスで目立つこともありませんでした。

放課後は、自作の紙芝居《かみしばい》を、観客がいようがいまいが、家の前の道端で「上演」。それから近所を一人で「放浪」。しっかりした子どもなら「探険」と呼んでいい類のものでしょうが、「カオス」状態の私は、ここを曲がったら何があるのかと、ただふらふら歩いていました。高層ビルなどまったくない時代の話。家の近くのお風呂屋さんの煙突が見えるかどうか、それだけはときどき振り返って確かめます。

こんな私に変化が訪れるのは、小学三年生の夏休みが終わって少し後のこと。となりのクラスの若い女の先生が、私に声をかけてくれました。

「先生、美穂ちゃんの声、とっても好きだなあ。下校の時の放送を美穂ちゃんやってみない？」

いま思えば、「カオス」状態の霧《きり》が晴れたのは、この時だったのです。ぼーっとしていて、とりえもない、勉強はさっぱりできない——こんな私を見ていてくれる人がいた！

しかも、私を認め、私を必要だと言ってくれている！

私は胸がバクバク、うれしさでいっぱいになりました。先生の期待に応えたいと思いました。

放送部の担当だったこの先生と、それからは毎日夕方練習です。

「みなさん、下校のチャイムが鳴りました。忘れ物のないよう荷物を持って、早くお家に帰りましょう」

たったこれだけのことですが、なかなかうまく言えません。録音して、毎日の放送に使うというのですから、責任重大です。でも、うまくいかないのです。

「もう一回やってみようか」「お家に連絡しておくから、もう三〇分、がんばれるかな」

そんなことが何日も何日も続くうち、いつか先生が、「もういいよ」とさじを投げてしまうのでは、と不安になってきました。でも先生は決してそれを言わなかった。できるまで付き合ってくれた。先生が私を必要とし、私のためにここまで懸命になってくれている——。先生が私に与えてくれたのは「自信」でした。

「よし、OK！　美穂ちゃん、よくがんばったね」

完成した録音テープは、それから毎夕、下校時間のたびに流れました。「自信」を得た私は、それから積極的になりました。人前で意見を言うこともできるし、成績もそれなりに上がってきました。「カオス」状態の何かが統合され、ベクトルを持つようになったのだと思います。

小学校五・六年生になると、新たな担任の先生に、「勉強に興味が出てきたが、協調性には欠ける」と通知表に書かれるように。母に怒られるかと心配しましたが、低学年の頃、何度も学校に呼び出されていた母は、「勉強に興味が出てきたと書かれるなんて、夢のようだ」と喜び、「協調性のなさ」に関しても、ただおとなしい子が自己主張をきちんとできるまでになった、とほっとしたようです。

私はこの頃「社会性」も身に付けたのでしょう。自由に好き勝手に描いていた絵から、人に見せ発表するための絵やマンガを描き始めるようになりました。

その後、美術教育を専門とする高校に進学するのですが、ここで、ちょっとした出来事がありました。

デッサンを一から勉強し始めた私は、ある先生から、「あなたのデッサンは、観念的だ」と、何度も何度も言われつづけたのです。私には、何が観念的なのか、どうしてもわからなかった。「見たものを、見たままに描け」と言われても、何が違うのかわかりませんでした。

今になって思います。その先生が言いたかったのは、私が手に入れた「社会性」をひとまず取っ払えということではなかったか、と。私は人に見てもらおう、受け入れてもらおうとして、マンガやイラストを自分なりに描き始めていた。でも、自分の新しい絵を獲得しようと思うなら、それをいったん捨てよ、素のままの自分に戻り、そしてものをあるがままに見よ、ということではなかったかと思うのです。

「社会性」を教えてくれたのも先生、それをいったん捨てることを教えてくれたのもまた先生だったということでしょうか。

もし、壁に突き当たったときは、何回でもゼロに戻ればいい、そして、また作り上げればいい。捨てることを、壊すことを恐れるな。素の自分に戻って、そこからまた創造すればいいのだから。

ワークショップのため、今日も私は全国の子どもたちに会いに出かけます。子どもたちはどんなものを作るかな？　作って、壊して、また作って。子どもたちの生きる力が輝く瞬間です。その時、子どもたちを見つめる先生方の顔も、また素敵に輝いているのです。

たけだ・みほ　一九五九年生。絵本作家。作品に『となりのせきのますだくん』『ありんこぐんだんわはははははは』他。

人生最初の「先生!」は……

姉小路 祐

昭和五五(一九八〇)年四月から平成二〇(二〇〇八)年三月までの二八年間、私は京都の市立高校の社会科教諭をしていました。平成元(一九八九)年に推理作家としてデビューをしたのちも、かなりの長きにわたって二足のワラジで教師業を続けたことになります。

新任教師となったとき、どんなタイミングでどういう状況で「先生!」と声をかけられ、自分がどのような反応をするだろうか——それまでテレビの学園ドラマを好んで見ていた私は、赴任前からあれこれと想像をめぐらせていました。最もよく思い描いていたのは、悩みを抱えた生徒から頼られて「先生!」と廊下で呼び止められるシーンでした。

赴任初日の四月一日から「先生!」と声をかけられたのですが、それは同僚の教師からでした。辞令をもらってその足で同期の者二人といっしょに着任校に向かい、校内地理がわからないまま校長室を探していた私の背中に声がかかったのです。校長室に案内してくれるのかと思ったのですが、違いました。声をかけてきたのは教職員労働組合の役員をしていた三人の教師で、校長室に行く前に呼び止められて組合の説明と加入の勧めを受けました。当時はまだ日教組(日本教職員組合)の組織率も高い時代でした。

その日から、「先生」と同僚教師から呼ばれることのオンパレードでした。「先生」という言葉は案外と便利で、お互い名前を知らなくてもそれで呼び合えば済むのです。とりわけ新人として一〇〇人近い教職員のいる大規模校に入った私は、他の教師たちの顔と名前がすぐには憶《おぼ》えられず、「先生」を自分から使うようにすぐになりました。

ようやく名前を憶えられるようになってきても、「先生」は便利でした。私は、教師になる前に五年ほど役所の行政職員として働いていたのですが、そこでは「○○課長」とか「△△係長」といったように名前と役職を同時に憶える必要がありました。ところが、教師の世界は、たとえ校長に対してでも「先生」で済むのです。また目上には「さん」で目下には「君」と呼ぶ区別もなく、すべて「先生」なのです。ある意味では、同格な世界と言えます。呼び名だけでなく、教師になればベテランでも新人でも同じ授業時間数を任されます。教室に入れば、誰の助けも借りずに一人で授業をしなくてはならないのです。

そうやって、ようやく「先生」と呼び合うことに慣れた私でしたが、違和感を覚えることもありました。保護者のかたから外線電話がかかって、「□□先生、お願いします」と言われたとき、「□□先生は、会議に出ておられます」と答える同僚の対応でした。私がいた役所では「□□は、会議に出ています」と呼び捨てで言うのがルールでしたが、外部に対しても「先生」と呼ぶのが教員の世界のようでした。よく言えば、同僚に対して敬意を払っているということになるのでしょうが、悪く言えば尊大《そんだい》ということかもしれません。私は、二年先輩の男性教師にこの疑問を投げかけましたが、彼はキョトンとしました。私が説明をすると、「郷に入れば郷に従えでいいんじゃないの」と答えました。私は納得がいかず、呼び捨てを貫くことにしました。少し冷たい視線を感じたこともありましたが。

生徒から「先生!」と呼ばれた最初は、授業が始まった日でした。緊張を覚えながら、三年生のクラスで自己紹介と教科の概要説明を終え、授業要望アンケートを配った直後に、最後列に座った生徒から「先生! おれ、遅刻になっているよな。欠席にはなっていないよな」と確認されたのです。その学校ではチャイムが鳴って一五分が経過すると、教室に入ってきても欠席扱いになりました。一五分以内だと遅刻です。遅刻と欠席では、学年末の単位認定のときに扱いが違ってきます。

四月当初は生徒は名簿順に座っていましたので、チャイム直後の出欠確認は簡単にできたのですが、遅刻してきた生徒が何分経過後だったかまでは見ていませんでした。

教師にとっては、五〇分の授業で何を伝え、どういうやりかたでやっていき、どれだけの効果があったのか、が主たる関心事になるのでしょう。しかし生徒の神経が向くのは、単位が取れるだろうか、その成績はどうだろうかということなのです。そのことに、私が初めて生徒から受けた「先生！」は気づかせてくれました。けっして尊敬されて「先生！」と呼ばれているのではないのです。

よくよく考えれば、私自身が生徒のときはそうでした。生徒は先生にはなれません。けれども先生は生徒だった時期を経験しているのです。生徒に背伸びをすることを求めずに、教師が背をかがめて生徒の視線になろう——そのとき私はそう思いました。

最初の赴任校は工業高校でした。電気、機械、繊維《せんい》といった学科別に三年間クラス替えのない学級編成で、教室ごとに雰囲気はまったく違いました。機械のクラスは男子ばかり、繊維のクラスは半分以上が女子と、構成にも特色がありました。ちなみに最初に女子生徒からかけられた声は「先生！」ではなく、「ちょっと、あんた」でした。黒板の板書の前に立っていたのでノートの邪魔《じゃま》だから退いてくれと手で示してきました。私は「ごめん」とすぐに教壇から降りました。そういう細かいことにも、新人時代は気づかないものです。教育の技量でも経験でも、若手教員はベテランにはかないません。年功序列賃金はそういったことが根拠になっているのかもしれません。けれども、生徒にとってはどちらも先生です。あまり差があっては、生徒にとって不幸です。

真面目な若手ほど、そういうことに悩みます。教師は教室では誰の助けも得ることができず、孤独です。授業がうまくいかない、担任として学級運営ができない、生徒とソリが合わない——本当はベテランもそれなりに悩むということは、実際に自分がベテランになって初めてわかったことで、新人時代は多くの教師が〝自分には向いていない職業ではないか〟と悩むと思います。

私の場合は、二つのことが救ってくれました。一つは、若手教員が比較的多くいたことです。孤独と孤立は違います。若手同士で放課後に率直に悩みを打ち明け合うことで、かなり救われました。もう一つは、社会人として別の世界で働いた経験があったことです。教師という仕事を違う角度から見ることができたのは自分の利点でした。担当教科は社会科の公民科目（「政治・経済」など）でしたので、授業でも自分の強みとして体験をまじえて生徒に話すことにしました。生徒たちもそれでついてきてくれた部分もありました。

私のような他の仕事からの転職組は、今でも少数派です。転職すれば給与面で不利になるとか、採用試験でしつこく転職理由を尋ねられるといった理由も作用しているのかもしれません。もっと転職組が増えたほうが、教師の世界も活性化するように思えるのですが、いかがでしょうか。

四年後に転任した学校は、普通科の高校でした。工業科の高校のようなクラス差はないだろうと思っていたのですが、見込みは外れました。生徒のときは、いろんな教師がいるなあと感じたものでしたが、いざ教師になってみると生徒もいろいろです。クラスによっても、学年によっても、もちろん学校によってもかなり、いや全然違うのです。

文部科学省や教育委員会の定める指導要領や通達には、その視点が欠けているような気がしてなりません。どの学校もどの生徒にも、同じように当てはまるという前提で作られている印象が拭えません。

私は教師になる前は一般行政職の公務員でした。教育分野とはほとんど関係ありませんでしたが、通達を出している側は現場のことがなかなかわからないものだと思います。文部科学省や教育委員会の職員になるには、教員免許状を必要としたうえで学校事務職としての経験を積んでから就く、といったシステムも検討されていいと思います。

教師生活も一〇年近く経つと私も少し落ち着いてきて、学校の閉鎖性という欠点に気づき始めました。主要登場人物は、教職員と生徒、あとはたまに保護者が出てくるだけです。それが一年ごとに繰り返されていきます。外部の人との交流が極端に少なく、「先生!」とお互いに呼び合う教師という職業はともすれば〝井《い》の中の蛙《かわず》大海を知らず〟ということになりかねません。生徒に対してはある意味では権力者であり、保護者にとっては〝子どもを人質にとられている〟という関係は完全には否定できないでしょう。そんな中で、教師独特の思い上がりが生まれてくる可能性もあります。

他の職種から来た人間である私は、教師をしながらも別の世界を持つ必要を感じ、趣味であった推理小説を書いて、応募することを始めました。幸運にも、私は新人賞をもらうことができて、別の世界にデビューを果たしました。それは自分からは言わなかったのですが、隠すことでもないと思って載せた著者写真がきっかけで教師仲間に知れるようになりました。閉鎖社会だけに、その伝達のスピードは速かったですね(笑)。

教師仲間の多くは、「おめでとう」と祝福してくれましたが、一部の教師からは「そんなにヒマなのか」とやっかみを言われたり、態度で示されたりしました。そういう反応によって、その教師の度量の深さや人間性の幅がわかったことは、おもしろくもありました。

その後も、二〇年近く二刀流《にとうりゅう》を続けましたが、別の世界を持っていることは、教師をしていくうえで大きく役に立ちました。

生徒の個性を伸ばす必要性はかねてより説かれていますが、教師が画一化してしまっては難しい気がします。education(引き出す)のためには、引き出す側が同じようなことをやっていたのでは、新しい引き出しは開けられない——私は今でも強くそう思っています。

あねこうじ・ゆう　一九五二年生。推理作家。『動く不動産』が第一一回横溝正史ミステリ大賞を受賞。「弁護士・朝日岳之助」シリーズ、「署長刑事」シリーズなど著書多数。

逃げろ、逃げろ！

石井志昂

先生に伝えたいこと。それは、ぜひ「あるべき先生像」からさよならをし、ご自分を守っていただくこと、そして周囲のお子さん方にも「自分を守っていいんだ」と身をもって伝えていただくことです。

と言いますのも、私は中学二年生のとき、学校にさよならし、不登校を始めました。以後、まったく公的な教育機関には関わらず、フリースクールと呼ばれる学校外の居場所「東京シューレ」と、不登校・ひきこもり専門紙『不登校新聞』（現『Ｆｏｎｔｅ』）の子ども若者編集部を居場所としてすごしてきました。一九歳からは『不登校新聞』のスタッフとして働き、三一歳の現在にまで至っています。一四歳のあのとき、学校にさよならして、はじめて「自分を取り戻すことができた」といまでも思っています。とにかく「不登校を治さなくていい」と思えたことが、何よりの幸運でした。

そもそも私が学校にさよならしたのは「自分が自分でいられない感覚に耐え切れなくなったから」だったと思っています。不登校の始まりは、小学校高学年のころ、中学受験のために進学塾に通い出してからです。進学塾は週に四日。バリバリのスパルタ方式でストレスフルな生活を送っていましたが、自分ではその生活に希望を見出していました。「勉強で勝ち抜くことだけが自分の価値だ」と。

一方で日常的な万引きが始まっていました。盗んだのはお菓子、漫画、電池……、なんでも盗みました。当時の感覚を思い出すと、「ほしい物だから盗む」「スリルが楽しいから盗む」ということではなく、「目の前にあるから盗んでいた」など。それから火遊びも止まりませんでした。親がいないときに家のゴミ箱のゴミに火をつける。「火を見ると落ち着く」という感覚はよく覚えていますが、何がきっかけだったのかまでは覚えていません。心が病んでいる子だったのだろうと思います。

その後、受験日を迎えましたが、すべての試験に落ちてしまいました。ショックが大きかったのか、ストレス度が高すぎたせいか、落ちたことには何も感じませんでした。

結果、地元の公立中学校に通うことになりました。中学校は小学校に比べるといろんなモラルを求められます。校則では靴下の色から髪の毛の長さまで決まっています。どんなに形骸化《けいがいか》したルールでもまかり通ってしまう。ただし、当時の私の思いは、「そういう形骸化した価値観のなかで生きることしか、受験に失敗した自分には許されていないんだ」と。先生や学校も、形骸化した価値観を毎日、叩き込んでくる。でもやっぱり違和感は禁じ得ない。「こんなのおかしい」という感覚と、それが侵食《しんしょく》されていく感覚。そして、どう思おうが考えようが、学校は変わらない、自分の人生も変えられないという絶望感や怒り。いろんな感情が相まって、「自分が自分でいられない感覚」が膨らみ、それが暴発するかたちで学校から逃げ出しました。

不登校をして出会った東京シューレや不登校新聞社のスタッフの方々は、みな「先生」や「学校」を背負わず、人間として、あるがままの私を受け入れてくれたように思います。そして「あるがままで」という視点のなかでだけ、不登校の自分を引き受ける覚悟が培《つちか》われ、私は一〇代のころ、さまざまな人に出会いました。もちろん一番思い出深いのは同じ不登校をしていた旧友たちですが、不登校新聞社の取材で、みうらじゅんさん、糸井重里《しげさと》さん、絵本作家・五味太郎さん、思想家・吉本隆明さんなどにお会いし、お話ができたことはいまでも忘れることができません。みうらじゅんさんは一七歳の私にこう言ってくれました。

「俺は、学校なんて行かなくていいと思うよ。不登校してるってことは時間あるでしょう。その時間で、趣味をいっぱいやったらいいと思いますね」

こうした「学校外の学び」を一五年以上、続けてきました。不登校をすれば、みんなが幸せになれるとは言いません。不登校をして周囲から責められ、自分でも自分を責め続け、生きるのをやめてしまった友人もいました。生きていることのほうが苦しそうなほど追い詰められていた友人でした。

でも、学校に行きながら苦しくて苦しくて、死んでしまう人もいます。一九九七年八月三一日、ある中学生が焼身自殺をしました。おそらく九月一日から始まる学校と関係があったのではないでしょうか。この事件を受け、「学校に行くか、死ぬかの二択ではない」ということを伝えるべく、翌年に『不登校新聞』が創刊されました。それでも、毎年、八月三一日には子どもの自殺が相次ぎます。

二〇一一年にクローズアップされた大津中二いじめ自殺の子も、自殺する二日前に、「どうしたらバレずに学校を休めるか」と周囲にもらしていました。不登校をすればみんな……、とは言いませんが、いま学校に行くか、死ぬかを悩んでいるのならば、ぜひ学校を休んでもらいたいのです。一〇年以上、不登校について取材をしてきました。多くの人が「学校よりも大切なものがある」と発言しています。吉本隆明さんはむしろ「ひきこもれ」と言っています。手品師・マギー司郎さんに関して言えば、不登校もひきこもりも超えて、「生きていればなんだっていい」と言っていました。

私は同じ不登校、不登校経験者に向けて発信しようと思っていましたが、二三歳のとき、同い年の教員が教室で首を吊《つ》って自殺するという報道を見ました。経緯はさっぱりわかりません。遺族の方のコメントもありません。でも、教室で首を吊るというのは、そこに何かのメッセージがあるのだと思っています。そして、先生だって「学校か、死か」と突きつけられているのだと思いました。

私や私の友人たちは、「学校がイヤで不登校をしても、社会に出たらもっと苦しいことがあるよ」と、さんざん言われてきました。苦しいことから逃げてはいけないんだ、と言われてきました。

私がそう言われて一番悩んでいたのは一四歳のときです。学校にさよならしてからです。学校には行きたくないが、やっぱり行かなくてはいけないのではないか。学校に行かないでどうやって生きていけばいいのか。学校に行かない代わりに何かを始めなければいけないのに、何も始められない……。いろいろと悩んだ末に、死のうと決めました。生きる価値が自分にはない、と判断しました。いま考えれば稚拙《ちせつ》な方法ですが、死ぬ方法も決め、日時も決め、遺書は書かないと決めましたが、死ぬことはできませんでした。

その日以後、死ぬことさえできない自分に、その情けなさに悩む日々が続きました。自分で決めたことさえできない自分を責め、どうしていいか途方に暮れていました。学校にさえ行けず、死ぬことさえできない自分は、なんて出来が悪い人間なんだと思い、出来の悪い人間にはこれから先の苦しさ、つらさに立ち向かっていけない、と思っていました。

その後、いろんな人に支えてもらいました。死んでしまうその日まで生きてみよう、と。生きる価値など自分で決めない。生きていいか、悪いかなんて決めない。もう逃げてしまおう、と。逃げて自分を守る。逃げて自分の実感にだけしたがって生きる。世間も社会も関係ない。自分だけ助かろう、と。

しかし、自分だけ助かりたいと思っていましたが、自分のまわりにいる人も自分の一部なので、私はこう言いたいのです。

「私も苦しいので、隣りの人も助けてください」

苦しんでいる人に「オレも苦しいがガンバレ」ではなく、むろん「オレも苦しいのにお前は甘えている」などと言わず、「私も苦しいから助けてください」と手をあげる。そういう姿を子どもたちに見せることは、彼らが生きていくうえでとても大切なんじゃないでしょうか。本当に困難に追い詰められる場合は、その声をほとんどあげられません。ですので、先生方も「苦しいので逃げます」と言って逃げてください。もちろん、制度として「逃げ道」が用意されているほうがいいのですが、まずはやってしまったらどうか、と。

目の前にいる子どもたちのことが気になるかもしれません。永六輔《えいろくすけ》さんは私たちにこう言いました。

「教育問題の本質には文部科学省も学校もあまり関係ないと思っています。本当の意味で生き方を習えるのは、自分の両親や祖父母しかいません。問われるべきは親のあり方・

生きざまだと思います」

なんだか学校教育は関係なさそうです。吉本隆明さんもこう言っています。

「どんなことでも、自分が本気になって学んだことしか自分に残らないし、身につかない。また、長続きもしない。そのことに分け隔ては何もないから、結局、好きなことを選んでやるしかない」

苦しいから逃げる、つらいから逃げる。なんでもいいから生き延びる。その姿を大人が自ら見せていく。それでいいんじゃないでしょうか。逃げて逃げて生き延びて、もしそこで余裕があったら不登校新聞社の『Ｆｏｎｔｅ』も購読してください(笑)。つまり、言いたいことはこういうことです。

先生！　逃げて。

いしい・しこう　一九八二年生。中学二年生のとき不登校をし、東京シューレへ入会。現在、『Ｆｏｎｔｅ』編集長。

先生と子どもの関係

鈴木　翔

昨今、いじめや体罰などの教育問題が話題となり、学校という場が非常に注目されてきています。その多くは子どもたちの生活世界の実態を問題として注目されたものではありますが、学校の先生やおとなたちにとっても、子どもたちとの関わり方を考えなおす契機になっているのではないかと思います。

文部科学省の調査によると、二〇一一年にうつなどの「心の病」を理由として休職した教員は五二七四人だったそうです。これは一〇年前の二〇〇二年と比べると約二倍の数値になります。もちろん、一〇年ほど前には「心の病」で休職理由とすることは、今ほど一般的ではなかったでしょうから、一概に比べられるものではありませんが、多くの先生にとって、学校は過去にも増して、難しい場所になりつつあることがうかがえます。

ではいったいなぜ、そんなことになっているのでしょうか。今、先生たちの「心の病」を引き起こす悩みの種の一つとして考えられているのが、「児童や生徒とうまく関係が作れない」というものだそうです。多くの都道府県では教員の高齢化が進み、児童や生徒との年齢差は広がってきていますし、年齢が離れた子どもと打ち解けるのは非常に難しいことになりつつあるのかもしれません。

それに子どもたちにとっても、先生との関係性は非常に重要なものになります。学校の人間関係というと、子どもたちどうしの関係にばかり目が行きがちですが、困ったときに力になってくれるはずの先生との関係性もまた重要であることは想像に難くありません。

もちろん、誰とでも仲良くなる必要はありませんが、一緒に過ごす仲間と少しでもよい関係でいたいと思うことは、人間としてごく自然なことです。それはきっと子どもだって先生だっておんなじ。でもどうしたらいいかわからないから、先生だっていろいろ悩んでいるのです。とくに中学生くらいになると、子どもたちは、先生との関係性よりも友だちとの関係性の方が大事になっていくことが知られています。私がかつて聞き取り調査をしたときに、中学校の先生はこんなことを言っていました。

一年生のうちは、先生と仲良くなりたいって感じの子もまだたくさんいるから、（生徒と接することが）楽だというのはあります。ただ、二年生くらいになると、その、悲しいんですが、先生の存在が薄くなっている感覚はあって、やっぱり決まった子だけが話しかけてくるようになるんですけど、その中でもやっぱり気にいった子だけじゃなく、学級委員とかそういう話す機会が多い子だけじゃなくて、なるべくいろんない面を見て評価したりとか、話しかけようとしたりとか、そういうのは意識していますね。偏らないようにはしていますね。ある程度は。

実は私自身も大学生のとき、教育実習を複数回経験していて、そのときの配属クラスが小学校の二年と中学校の三年生だったのですが、そのギャップに驚かされたことがあります。小学二年生は、教育実習生と仲良くなりたくて「先生！　先生！」としきりに話しかけてくるのに対し、中学三年生とコミュニケーションをとるためには、こちらから積極的に話しかける必要がありました。中学三年生という発達段階を考えたら、すごく当たり前のことなのですが、小学校と中学校の教育実習の間は二カ月ほどしかありませんでしたので、その対応の切り替えがうまくできなくてあせったという記憶があります。

先の中学校の先生の聞き取り調査を踏まえると、その対応の切り替えが行われるのは中学二年生ころなのかもしれません。ではその転換期の中学二年生時に実際に先生と仲良くしている人というのは、どんな子どもなのでしょうか。具体的なデータをもとに、そのことを考えてみたいと思います。ここで用いるデータは、二〇〇九年に神奈川県の中学二年生二八七四人とその保護者を対象として、ベネッセ教育研究開発センターと東京大学教育学部が合同で行ったアンケート調査の結果です。

データ全体を見ると、「学校に親しく話せる先生がいる」という項目に「とてもあてはまる」「まああてはまる」と答えた生徒は、合わせて五九・九%います。公立の中学校にはいろんな生徒がいますし、学校の先生に心を開くのが難しくなっている発達段階の生徒の六割弱が「学校に親しく話せる先生がいる」と答えているというのは、個人的にはとても多く感じます。

では、その中でも生徒の特徴によって、違いはあるのでしょうか。「学校に親しく話せる先生がいる」という項目に「あてはまる」と答えた生徒と、関連がある項目を調べてみると、「学業成績」や「実技教科が得意」である生徒、さらには「学級委員長や学校全体の委員会の経験」「クラスメイトからの人気」がある生徒が「学校に親しく話せる先生がいる」と答えていることがわかります。

具体的には、「クラス内成績」を三段階に分けたとき、上位(六三一人)の生徒で「学校に親しく話せる先生がいる」のは七〇・〇%。中位(一〇九二人)は六一・一%。下位(一一一四人)は五三・一%。「実技教科が得意だ」と答えた生徒で「学校に親しく話せる先生がいる」のは六二・四%、「得意だ」と答えなかった生徒のうち「学校に親しく話せる先生がいる」のは四六・三%。「学級委員長や学校全体の委員会の経験」がある生徒で「学校に親しく話せる先生がいる」のは六七・一%、ない生徒では五四・二%。「クラスメイトからの人気」がある生徒で「学校に親しく話せる先生がいる」のは七九・二%、ない生徒では五六・六%います。とくに大きな関連が見られるのは、「クラスメイトからの人気」でしょうか。

これらの結果から先生たちは、単に五教科の学業成績がよい生徒だけに話しかけたりするのではなく、実技教科が得意な生徒にもきちんと声をかけたりしている、ということがわかります。そしてリーダーシップを発揮している生徒にも、「学校に親しく話せる先生がいる」ことがわかります。

日本では生徒と教師の仲のよさというトピックが大きく扱われることはありませんが、ヨーロッパ諸国では、その点が日本よりも少しだけ自明視されています。というのも、ヨーロッパ諸国では、学校の先生という職業に就《つ》く人は、中産階級出身の人が多いということが常識になっています。ですから、自分と同じような中流の家庭背景や価値観を持つ子どもたちを好み、自然に高く評価してしまう、というようなことが、これまでたくさんの研究で明らかになっています。

それに比べて日本では、それほど生まれた環境によって、価値観の違いを強く意識する場面はさほど多くありませんが、日本でもそうした家庭の背景というのは、先生との関係性にも影響を与えているのでしょうか。先生ととりわけよい関係を築けている生徒というのはどんな生徒なのでしょうか。

家庭の状況、つまり、どのような家庭で育ったかによって、親しく話せる先生の有無に違いがあるかを検証してみると、例えば「中学校に入学する前に保護者が本の読み聞かせをしてくれた」と答えた生徒で、「学校に親しく話せる先生がいる」のは六二・八％。「してくれなかった」と答えた生徒は六〇・二％。これを見ると、家庭の状況によって、親しく話すことができる先生の有無には違いがないことがわかります。ここでの検証は、精緻《せいち》な分析とは言い難いですが、日本の学校の先生は、ヨーロッパ諸国と違って、家庭背景によって、生徒との距離をはかったりすることは少ない、ということが少なくともうかがえます。

外国と比べて、日本の学校の先生にはいろいろな顔があります。勉強を教えたり、部活動の指導をしたりするのはもちろんのこと、みんなのよき理解者でいて、それでいて学期の終わりには、冷静にそして客観的に評価を下さなければなりません。先生と呼ばれる人たちは学校の先生以外にもたくさんいますが、こんなにたくさんの先生を兼任している先生は学校の先生くらいではないでしょうか。とくに「よき理解者でいて、冷静に評価を下す」という役割の両立はたいへんそうです。そのことを両立させるためには、まず子どもたちのことをよく知らなければならないからです。

それに日本の学校は、他国に比べて評価のシステムが複雑です。テストの点数はもちろん、関心や意欲や態度、友だちとの協調性なんてものも評価の対象となります。二〇一三年現在、幼稚園から中学校で共通の教育目標となっている「『生きる力』をはぐくむ」ことも、基礎的な学力の育成だけを指すものではなく、体力や人間性なども含んだ非常に判断の難しい事柄を多く含んでいます。

しかしとても残念なことではありますが、日本の学校の先生はエスパーではなく普通の人間の先生なので、子どもたちの心の内側など正確に知るよしもありません。にもかかわらず、いろんな行動や言動からそうした様々なことを読み取ることが求められているのです。そしてそんな状況の中で、評価とは無関係に公平に公正に平等に子どもたちと接しなければいけません。それを極限まで体現しようとしているのが、日本の学校の先生なのかもしれません。先生と呼ばれる人たちもたいへんなんです。

それに最近、「近ごろの先生はなっていない！」といったようなバッシングをあちこちで聞くようになりました。学校の先生は、勉強を教えるプロでもありますが、それだけではなく、みんなのいいところを見つけるプロでもあります。評価の形態も多様化しつつあります。各種のデータを見ると、先生方はその中でできる限りいろんな生徒と接していくように努力している様子がうかがえます。しかし、そうした努力の結果は見えづらいため、どうしたらいいかわからなくなり「心の病」を抱えてしまうこともあるのではないかと思います。

ただ、これらのデータを見ると、先生たちが思っている以上に、生徒たちは先生を慕っていることが少なくありません。先生たちの努力をわかっている専門家もたくさんいます。とすると、先生たちをバッシングする問題の多くは、先生個人に向けてではなく、制度に向けて発せられるべきなのかもしれません。これから先、先生の「心の病」を引き起こす社会のまなざしや制度、それ自体を、考え直していく必要があるように思えてなりません。

すずき・しょう　一九八四年生。東京大学大学院教育学研究科博士課程。著書に『教室内《スクール》カースト』他。

色えんぴつ

乙武洋匡

「今日からこのクラスを受け持つことになった、赤尾慎之介です」

両手両足のない、電動車いすに乗った教師の登場に、五年三組の子どもたちはハッと息をのみ、目を丸くさせる——これは、僕が出演した映画『だいじょうぶ3組』で、赤尾と子どもたちが出会う冒頭のシーンだ。

僕自身、二〇〇七年から三年間、杉並区立杉並第四小学校の教諭として教壇に立った。子どもたちと過ごした三年間は僕にとってかけがえのないものとなったが、同時に教育現場に対して疑問を抱くことも少なくなかった。そのときの経験をもとに同名の小説を書き、それが映画化されたのだ。

ところで、このセリフには続きがある。

「先生には、手と足がありません。だから、できないことがたくさんあります。もし先生が困ってるなと思ったら、いろいろ手伝ってください」

これは、僕が実際に始業式のあいさつで口にした言葉。だが、このあいさつが、思いがけず職員室で波紋《はもん》を呼ぶことになる。

「教師が子どもたちのまえで、『いろいろ手伝ってください』などと言ってしまうのは、どうなのでしょう……」

教師とは完璧な存在で、子どもたちのまえでは全知全能であるべきだ――そんな考えを持つ教師が少なくない。だからこそ、初対面でいきなり自分の弱点をさらけだし、さらには「手伝ってください」などと言いだした新任教師の言葉に、一部の教師たちは違和感を抱いたのだろう。

たしかにこれまで僕らが魅了されてきた学園ドラマの主人公も、登場するのはクラスで起こったトラブルをカッコ良く解決していくスーパー教師ばかり。だが、はたしてそんな教師が現場に実在するのだろうか。「いるはずがない」と断言することはできないが、なかなかお目にかかることはできないだろう。

五〇〇万部を超すベストセラーとなった『五体不満足』は、海外でも翻訳されている。英語版のタイトルは、『No One's Perfect』。つまり、「完璧な人間など、誰もいない」となる。僕のメッセージを伝えるうえで、これ以上ないタイトルをつけていただいたと感謝している。

教師だって、人間だ。けっして完璧ではない。人間的にも未熟だし、教師としての技量だって、「これで十分」と感じている人はいないはずだ。なのに、なぜ子どもたちのまえで完璧なフリをするのか。僕には、それが不思議でならなかった。

じつはこの作品のなかに、僕はちょっとした隠し味を忍ばせた。主人公の赤尾慎之介をはじめ、白石、青柳、紺野、黒木、灰谷——そう、登場する教師の名字すべてに、色の名前を入れたのだ。

「子どもたちの個性を尊重しよう」

教育現場ではこんなことが言われているが、そのわりに教師の個性は尊重されていないのが現状だ。画一的であることが求められ、必要以上に「横並び」を意識させられる。こうしたなかで、本当に教師が子どもたちの個性を尊重できるのだろうか。まずは教員一人ひとりが色とりどりの存在であるべきなのではないか——そんな思いから、教員の名前に色を入れたのだ。

「異業種で働いていたことがある」

「海外に住んでいた経験がある」

そうしてさまざまな経歴を持つ教師が増えたら、きっと教育現場での多様性も認められ、子どもたちの個性も尊重されるようになるだろう。そんななかに、「障害がある教師」がいたっていい。

僕には、手足がない。パッと見て、「完璧ではない」ことがすぐにわかる。だからこそ、僕は子どもたちのまえで完璧であるフリをすることは無意味だと思ったし、等身大の自分で向き合おうと考えた。できないことはできない。知らないことは知らない。それでも、君たちを愛している——それが、ほかの教員とは異なる、僕の目指したスタイルだった。

映画のクライマックスで、詩人・金子みすゞの書いた「私と小鳥と鈴と」をモチーフにした授業が行われる。

「私が両手をひろげても、お空はちっとも飛べないが、」

「飛べる小鳥は私のように、地面を速く走れない。」

「私が体をゆすっても、きれいな音はでないけど、」

「あの鳴る鈴は私のように、たくさんな唄は知らないよ。」

みすゞはこうして、それぞれの「できないこと」を並べたうえで、最後に「みんなちがって、みんないい」と結んでいる。つまり、誰にだっていいところがあるのと同様に、誰にだって「できないこと」「苦手なこと」があるのも当たり前なのだということを、あらためて教えてくれているのだ。

子どもたちと一緒にこの詩を朗読すると、主人公の赤尾はプリントを配る。そこには、こんな文字が書かれている。

「私は【　　　　】だけど、【　　　　】だよ。」

最初のカッコには「できないこと」「苦手なこと」を、次のカッコには「できること」「得意なこと」を埋めていく。はじめは戸惑っていた子どもたちも、やがて自分自身と向き合い、自分の個性について考えはじめる――これは教員時代、僕が実際に行なった授業だ。クラスの子どもたちも、こうしてみずからの長所や短所と向き合い、「自分らしさ」

について目を向けるようになってくれた。

「みんなちがって、みんないい」

振り返ってみれば、『五体不満足』から一貫して伝えてきたメッセージだ。人間は、誰もがちがう存在。一人ひとりがちがっていて、当たり前なのだ——教師になっても、伝えたいメッセージに変わりはない。そして、そのことを、「多くの人とは異なる肉体」を与えられた僕が伝えることに意味があると思っていた。

授業のなかで、日頃の学校生活のなかで、僕はさまざまな場面を通じて、この「みんなちがって、みんないい」というメッセージを子どもたちに伝えてきた。だが、どれほど伝わっているのか、正直に言えば、手ごたえを感じられずにいた。そうしたなか、子どもたちと別れる三月が近づいてきていた。

ある日のことだ。何人かの子どもたちが、僕のところへやってきた。

「先生！　最後にみんなでクラス文集をつくりたいんです」

反対する理由は、何もない。僕はにっこり笑って、こう言った。

「おお、それはいいね。じゃあ、今度の学級会で、どんな内容にするか、どんな題名にするかを、みんなで話し合ってごらん」

そして迎えた学級会。文集のタイトルについて意見を募《つの》っていると、ひとりの男の子が手を挙げた。

「えっと……『色えんぴつ』がいいと思います」

意表を突く提案に、少し教室がざわついた。司会を務める子が、その子に理由を尋ねる。

「なぜ、『色えんぴつ』なんですか?」

けっして饒舌《じょうぜつ》とは言えないタイプの彼だが、必死にその思いを説明してくれた。

「色えんぴつって何十色もあるのに、全部ちがう色でしょ。このクラスもいろんな人がいて面白いから、『色えんぴつ』がいいかなと思って……」

彼の説明に、クラスのみんなが拍手喝采《はくしゅかっさい》。なんと、満場一致で『色えんぴつ』に決定したのだ。

「ああ、伝わっていたんだ……」

この学級会を見守っていた僕はこれまでの教員生活を振り返り、思わず目を潤《うる》ませた。

教師になって本当に良かった、と――。

三年間という任期付きでの採用だったため、二〇一〇年三月に退職することとなった。現場からは離れることとなったが、子どもたちのために力を尽くしていきたいという思いは、いまも変わりない。今年(二〇一三年)二月には、東京都教育委員に就任した。現行制度では史上最年少だという。教師として教育現場を知っている委員は、ほとんどいない。子どもたちや先生方の実情を踏まえた議論ができるよう、経験を生かした活動を心がけていくつもりだ。

おとたけ・ひろただ　一九七六年生。作家。教員体験を経て、現在、保育園運営にもかかわる。著書に『五体不満足』『だいじょうぶ3組』『自分を愛する力』他。

詩が開いた心の扉

寮 美千子

人生、何が起きるか、わからないものだ。まさか自分が、殺人者やレイプ犯と面と向かい、詩の授業をすることになるとは、夢にも思わなかった。彼らから、人間を信頼する心を教えてもらうことになる、とも。

首都圏から奈良に移住したばかりの二〇〇六年、明治の名煉瓦《れんが》建築である、奈良少年刑務所を見たくて、一般公開日に訪れたのがきっかけだった。そこで、わたしは受刑者たちの作品に出会った。

振り返りまた振り返る遠花火
夏祭り胸の高まり懐かしむ

その繊細さに驚いた。その脇に飾られていた水彩画も、煉瓦の一枚一枚が、ひどく几帳《きちょう》面《めん》に描かれたものだった。凶暴凶悪な犯罪者、といったイメージとは、かけ離れていた。

「実は、ここにいる子たちの多くが、不器用で引っ込み思案の子や、孤独な子なんです」と話しかけてくれたのは、刑務所の教官だった。彼らがモンスターではないこと、なんとか社会に適応してほしいと願って更生教育を行なっていることなど、熱心に話してくれた。わたしは思わず「何かお手伝いできれば」と、名刺を差しだしていた。その翌年、刑務所から要請され、講師をすることになった。けれど、内心、怖《お》じ気《け》づいていた。受講生は、強盗、殺人、レイプ、放火、薬物違反者だというではないか。

「被害者の方々には、申し訳ないけれど、ここにいる受刑者たちに、『よくここまで生き延びてきたね』と言ってあげたい。それほど過酷な暮らしをしてきた子が多いんです。ひどい虐待を受けたり、育児放棄されたり。発達障害を理解されなくて、ひどいいじめを受けてきた子もいるんです。加害者になる前に、被害者であったような子たちなんです」

統括官は、その子たちの心を、童話や詩で耕してやってほしいと言う。無理だ、と思った。しかも、授業は月一回、一時間半だけ、たった六回で終了するという。ありえない。人を殺すところまでこじれてしまった人の心を、童話だの詩だのというヤワなもので、癒《いや》せるものか。

ところが、熱心に頼まれ、根負けして、引き受けることにした。それでもまだ怖くて、夫と二人で行くことを許してもらい、二人一組で講師になった。

どんな怖い人が授業にくるのかと思ったが、やってきたのは、むしろ、とりつく島のない、交流不能、といった感じの子たちだった。極端に気が弱くて担当教官の脇から離れられない子。目がうつろで、まったく人の話を聞いている様子のない子。うつむいたまま、暗い顔をしている子。おどおどして落ち着かない子。なぜかふんぞり返っている子。これで授業が成り立つのかと、不安になった。

彼らは、もともと「落ちこぼれ」の集まってくる刑務所のなかでも、さらに「落ちこぼれ」てしまう人々だった。話すことが極端に苦手で、作業所でも、みんなと足並みが合わない。そのために、周りの者がいらいらして作業所のお荷物になる。そんな子ばかりだ。だから、一筋縄《ひとすじなわ》ではいかない。一クラス一〇名。そこに、わたしたち二人組の講師と、刑務所の教官が二人。机を円く並べて、互いの顔が見えるようにして授業を進める。一コマ目と二コマ目は、絵本を読んで、それを朗読劇として演じてもらう。お芝居とはふしぎなもので、演じる方も見る方も、だんだんと一体感が生まれてくる。

そうやって下地作りが済むと、こんどはいよいよ詩を書いてもらう。なんでもいいよ、愚痴《ぐち》だって構わない、何を書いてきても、この教室では絶対にしかったりしないよ、と約束する。なんにも書くことがなかったら、好きな色について書いてね、と言った。

すると、こんな詩を書いてきた子がいた。

くも

空が青いから白をえらんだのです

驚いた。省略の効いた、なんという美しい一行詩だろう。詩の授業では、まず作者に自分の詩を朗読してもらう。この子にも、朗読してもらった。ところが、薬物中毒の後遺症があって、うまく読めない。うつむいたまま早口で読むので、「前を向いて」「ゆっくり」

と、何度かやり直してもらって、やっとみんなの耳に聞こえるように読めた。

そのとたん、盛大な拍手が湧いた。すると、その子が突然「先生!」と手を挙げたのだ。普段は、自分から発言などしない子だから、びっくりした。「ぼく、話したいことがあるんですが、話してもいいですか」と言う。もちろんですよ、どうぞ、どうぞ、と言うと、いきなり、堰《せき》を切ったように語りだした。「ぼくのおかあさんは、今年で七回忌です。おかあさんは体が弱かった。けれど、おとうさんは、いつもおかあさんを殴っていました。おかあさんは、亡くなる前にぼくに『つらくなったら空を見てね、わたしはそこにいるから』と言いました。ぼくは、おかあさんを思って、この詩を書きました」。

あまりの話に、あっけに取られていると、受講生から次々に手が挙がった。「ぼくは、○くんは、この詩を書いただけで、親孝行やったと思います」「ぼくは、○くんのおかあさんは、きっと雲みたいに真っ白で清らかな人だったんだと思いました」「ぼくは、○くんのおかあさんは、雲みたいにふわふわでやさしい人かなって思いました」「ぼくは、ぼくは」と言いよどんだ子は、「ぼくは、おかあさんを知りません。でも、この詩を読んだら、空を見たら、ぼくもおかあさんに会えるような気がしました」と言って、わっと泣きだしてしまった。みんなが、その子を慰《なぐさ》めた。

友の拍手で、一人の子の心の扉が開く。すると、呼応したように、次々にみんなが心を開き、語りだす。思いがけないやさしさが溢《あふ》れだしてくる。奇跡だと思った。

ところが、この奇跡は、教室内にとどまらなかった。母を知らないと告白したその子は、刑務所に入ってから、自傷行為の絶えない子だった。それが、この日を境に、ぴたりと自傷行為が止まったというのだ。笑顔まで出るようになり、あのお荷物扱いされていた作業所で、副班長にまでなったという。

わたしは、まだ、ビギナーズラックだと思っていた。たまたまうまくいっただけだと。ところが、同じようなことが次々起こるのだ。今期で、もう一二期になる。一〇〇人以上の受刑者を見てきた。変わらなかった子はいない。大きく伸びた子もいれば、少ししか効果のなかった子もいるが、一人として、よくならなかった、という子はいない。

ひどいチック症状を呈していた子が、自分の詩を発表して、みんなの感想を聞き終わると、目の前でぴたりとチックが止まったこともあった。ふんぞり返っていた子が、やはりみんなの感想を聞き終わると、きちんとお行儀よく座っていたこともある。自分から、薬物中毒だった時代のことを告白して「なんでもないしあわせ」を感じられる自分を取り戻したいと、告白してくれた子もいた。

　自己表現をする、それを聞いてもらう、受けとめてもらったと実感する。それだけで、人はこんなにも変われるものだと知った。押し殺していた感情が芽生《めば》え、うれしい、かなしい、がわかるようになる。やさしさが自然と溢れてくる。人を殺したような者のなかに、こんなやさしさがあるのかと驚いた。人間とは、捨てたものではないと思った。そして、本人が詩だと思って書き、詩だと受けとめる者がいれば、どんな言葉でも詩になり、詩には、人の心を開く力があるのだと確信した。

　心を開くと、人の気持ちを思いやれるようになる。そうなってはじめて、彼らは罪に向きあうこともできるようになっていく。

　なんて簡単なことだろう。逆に見れば、彼らはいままで、たったそれだけの「受けとめ」もしてもらえなかった、ということなのか。

　この授業で、わたしたち指導者側は、ほとんど何もしない。お行儀悪く座っていても、注意もしない。彼らは、彼らのなかで育っていくのだ。互いの関係性のなかで、やさしさや人間らしさを育てていく。人は、人の輪の中で育つのだと、つくづく感じた。わたしたち指導者側にできるのは、安心して心を開ける場を作ってあげることだけだ。

そして、ここが一番大切なのだが、その関係性は、月一回のこの授業だけで作れるわけではない、ということだ。彼らは二四時間、刑務所にいる。刑務所の教官は、刑務所のなかでさえ落ちこぼれてしまうような彼らを、日々見守っている。毎朝、「おはよう」と一人ひとりの房《ぼう》の前で声をかける。返事があってもなくても、声をかけ続ける。面接をし、ノートでやりとりをする。そんななかで、頑《かたく》なな彼らの心を少しずつ解きほぐしていくのだ。

ぼくらの「先生」は、何かを押しつけ、型にはめようとする人々ではない。ほんとうのぼくを見ようとし、本気でぼくの未来を心配してくれている人だ。そうわかってもらって、はじめて、彼らは心を開いてくれる。

わたしが出会ってきた刑務所の教官たちは、みんなそんな人だった。受刑者たちに更生してほしいと本気で思っている。仕事とはいえ、ここまで本気で他人のことを思う人がいるだろうか、と感動する。仕事と人生とが一つになって、それはもう仕事というより、

「祈り」であり「願い」であるような日々を送っている。犯罪者を更生させるのは、きびしい北風ではなく、あたたかな真実の愛なのだ。

あまり光の当たらない仕事だが、世の中には、そんな「先生」たちがいることを、ぜひみなさんに知ってもらいたいと思う。

りょう・みちこ　一九五五年生。詩人・作家。著書に『夢見る水の王国』『ラジオスターレストラン　千億の星の記憶』『空が青いから白をえらんだのです　奈良少年刑務所詩集』他。

自分の物差し

山口絵理子

先日、ＮＨＫの「ようこそ先輩」に出演した時のことだ。

母校であるさいたま市立宮原小学校に帰り、六年三組で授業をした。授業の内容は、というと……。

私はバングラデシュという国に自社工場を持ち、そこで鞄《かばん》や小物を製造し、日本や台湾の直営店で販売している。授業の中で、子どもたちは鶴を折り、その鶴を先生役である私からお金に換えていくというゲームをやった。

授業の前半、鶴はまさに「大量生産型」。生徒たちは何百という鶴を折り続け、しまいに雑な折り方になっていき、当初一羽が五〇〇円程度だったのに、品質が悪いため、次第に四〇〇円、三〇〇円、なかには五〇円の子もいたが、私に買い叩かれていくというストーリー。そしてこれでもか、と鶴を折り続けて四時間目にもなり、私が突然子どもたちに告げた。

「もうこんな同じような鶴はいらない！　これからは私が欲しいと思うような鶴しか買わない。さあ、ここにいろーんな材料を用意したから工夫して作ってごらん！」

子どもたちは次々と材料のあるテーブルに集まってきた。そこにはカラーペンや、布、マスキングテープ、ビー玉、小箱、ビーズなど山ほどの材料がある。

「わあー、私これ使う！」「あはは、僕この箱もーらい！」

手にいっぱいの材料を抱えて再び作業に向かった彼ら。同じものを大量に作っていた彼らとは表情も手つきも全く違い、すごい集中力で切ったり、貼ったり、議論をしたり、教室中は大騒ぎだ。

「先生！」

はずかしそうに、でも胸を張って手をあげた男の子がいた。

「はーい、もうできたのー⁈」

わくわくしながら彼の机を覗《のぞ》き込むと、そこにはなんと、「鶴」という一文字が、大きな筆で堂々と書かれていたのだった。私は言葉を失ってしまった。子どもたちの創意工夫の力、子どもたちの枠にとらわれない発想力。なかには、水槽《すいそう》を箱で作り、そこにビー玉を敷き詰めて「湖」を作り、その中に大型の鶴を浮かせた子もいた。さらに大きな鶴から小さな鶴まで手をつないでいる親子鶴も。どの机も個性の塊《かたまり》だった。

日本の若者は……、という言葉をよく聞く。しかし彼らはしっかりと自分たちなりに頭を使って、固定観念にしばられることなく、創作をしていた。

いつから、何歳を過ぎる頃から、「鶴を作る＝鶴を折る」という発想しかなくなってしまうのだろう。子どもたちが本来持っている創造力は、未来を作る力の源泉だと思う。

AはAであるべき、という考え方自体、すでに時代遅れで、今はまさに多様性の時代になっている。そんな中でこの授業を通じて私が子どもたちに最も伝えたかったことは、「自分の主観」をもつことだった。

バングラデシュ＝途上国＝貧しい。だからかわいそう、助けなきゃいけない。僕たち日本はお金持ち＝偉い。そういった画一的な見方、あるいは先入観ですべてを考えるのではなく、「自分の物差し」をもつことの大切さを、少しでも伝えられたらと思っていた。

私がそういう考えをもつようになったのは、短いながらの人生経験からくる。

小学校の時にいじめられ、なぜいじめられているのか最後まで分からなかった。六年間自分の意見を主張することができず、中学校になったら非行に走り、その延長線上ではじめた柔道でこんどは全日本の舞台に立つことができ、「こんな隅《すみ》っこにいるような人間でも、努力すれば少しは報われることがあるんだ」と、小さな、しかし自分の中では大きな原体験となった。

それから慶応大学に進学し、「開発学」という学問と出会った。その学問は、〝そこに生まれてしまった〟というだけで、学校に行けない子どもたちが何億人もいることを私に教えてくれた。

大学四年生の時に、まさにそうした国々に援助や融資を行う米州開発銀行という国際機関でインターンをした。〝政策集団〟〝国際官僚〟。そうした言葉がぴったりな組織の中で、私は「現場である途上国にこのお金はちゃんと届いているかな？ どれくらい届いているかな？ 何人学校に行けるようになったのかな？」と、単純な疑問をもった。

そして、二〇〇四年からバングラデシュの大学院生として二年間を過ごした。

今にして思えば、「援助は届いているかな?」という素朴な疑問は、「自分の物差し」で考えるようになる小さな一歩だった。そしてそれを実際に現場で自分の目で見たことはたくさんの勇気と覚悟が必要だったが、その代償に私に確固たる「主観」を与えてくれた。二年間を通じて私の目には、バングラデシュは「かわいそうな国」とは映らなかった。

散々、教科書や授業、テレビ、広告、様々な媒体で「恵まれない人々」という洗脳を受けてきた。しかし、「現場」には、一生懸命人力車をこぐ人がいたり、洪水の中でも泳いで食料を得ようとする少女がいたり、スラム街でも「お医者さんになりたい」と目を輝かせる子がいたり、そして工場では安くても買い叩かれても必死で自分たちの力で生活をしようとする人々がいた。

そうした人々を目の当たりにしながら過ごす中で、私にとってバングラデシュは「かわいそう」ではなく、「チャンスがあれば必ずもっとできる」という強烈な主観に変わったのだった。

以来、そんな想いと共にビジネスをはじめて七年目になる。

ひたすら現場を歩き、現地の人と対話しながら、途上国からでも高付加価値のあるものは生産できると信じ、「バングラデシュからかっこいい、かわいいバッグを作るんだ」という想いをもって株式会社マザーハウスを大学院卒業と同時に二四歳の時に、スタートした。当然ながら大人たちに一〇〇％反対され、否定された。でも私は自分の足で歩いた主観を信じ、七年間歩き続け、共に戦う仲間を見つけた。

現在、日本や台湾で一五店舗の直営店を持ち、自社工場では一〇〇人のベンガル人の職人たちが切磋《せっさ》琢磨《たくま》し合いながら「Made in Bangladesh」と誇り高く刻印されたバッグを作り続けている。日本、台湾、そして二カ国目の生産拠点となったネパールを含めると総勢二〇〇人のマザーハウススタッフが同じ夢に向かって歩いている。

そんな背景を知らなくても、お持ちだったブランドのバッグをやめてマザーハウスを選んでくださるお客様が本当に多くなった。しかし、はじまりはたった一人。バングラデシュ＝かわいそう、ではなく「バングラデシュもやればできるんだ！」という、私自身の「超主観」から始まったのだ。

授業の最後にスカイプで、なんと工場につないだ。

スクリーンの先には、子どもたちがはじめてみた、ベンガル人の職人たちが笑顔で大勢待ち構えていた。最初はちょっとびくびくしていた子どもたちだったが、次第にたくさんの質問がでた。

「ねえ、お仕事は楽しいの?」「子どもは今何歳? 学校に行っているの?」「お休みの日は何するの?」

国境を越えて、コミュニケーションをする子どもたちの楽しそうな表情を見ていた。

「何時間勉強するの?」

「朝と夜で四時間ずつくらい僕の子どもはするよ」

そんなスタッフの返事を聞いて日本人の子どもたちはびっくり。「どうして?!」と訊《き》くと、「僕らの学校では先生一人が一五〇人くらい教えるんだ。だからいちいち全員に丁寧に教えるわけにはいかない。自分たちでしっかり勉強しないと全然だめだよ」と答えていた。

六年三組は三〇人ほど。先生を含めて、自分たちの置かれている環境を少し遠くから見ることができた様子だった。

子どもたちのエネルギーに圧倒され、ヘトヘトになりながらも、子どもたちのための授業というより、いつの間にか自分自身がたくさんの気づきをもらったことに幸福感でいっぱいだった。鶴を抱えて教室を出ようとした時にある男の子が話しかけてきた。

「先生! バングラデシュの人たちってなんか、かっこいいね!」

思えば、そんな言葉を聞きたくて、起業し、ひたすら工場でバッグを作ってきたんだと最後にまた気づかされた授業だった。

子どもたちに教えてもらったことはたくさんあった。

子どもたちの創造力や素直な感性。それに向き合った時に、どうして大人になるとだんだんと斜《しゃ》に構えるようになってしまうのだろうかと本当に不思議に思った。

多分、それは「どうせ」「でも」という言葉が今の日本の中で蔓延《まんえん》し、夢を持つことが難しく、あるいは恥ずかしいことのようになってきたためではないだろうか。

以前、台湾大学で講演したことがある。あの時の台湾の学生のやる気や熱意と日本の大学での感想は全く異なっていた。

「台湾ドリーム」というものがあると聞いた。それは路上の露店からはじまって、やがて百貨店などに出店する小さなメーカーやブランドのことを言うそうだ。それらが「現実に起こる」ことであると台湾の若者たちは信じていたし、だからこそ、起業したいと思う人たちもとても多かった。

いま、「日本ドリーム」はあるだろうか。あるとしたら一体それは何をさすのだろうか。経済的な成功なのだろうか。あるいは社会的な名声や地位なのだろうか。私はどれも違うと思う。もはや万人に当てはまる画一的な「成功」なんてものはなく、全ての価値観が多様化しているのである。

そんな時代だからこそ「自分の物差し」で「あなたにとって成功はなに?」を掴《つか》みとることが大事なのではないだろうか。

私にとっての成功は、マザーハウスの経済的成功でも、そこから得られる社会的名誉でもない。起業しようと決意した当時、スラム街で必死に水を売る少年を見て「自分に恥ずかしくない人生を歩きたい」と思った。今でもそれは変わらない。

胸を張って、「自分の人生を歩いている」と言えるかどうかだけが私にとっての成功だと思っている。子どもたちにとって答えが何であれ、胸を張って生きられる人生が待っていることを心から祈っているし、私自身もそうでありたい。

やまぐち・えりこ　一九八一年生。株式会社マザーハウス代表。著書に『裸でも生きる』『自分思考』他。

とられちゃだめだ

平田オリザ

『先生！』というタイトルで、とにかく「先生」について何でもいいから書きなさいという池上さんからのお題に対して、私がすぐに思い浮かべたのは、不思議なことに、実際に自分が教えを受けた教員たちではなく、夏目漱石の『三四郎』に登場する広田先生のことだった。もちろん恩師と呼べる先生は何人もいるのだけれど、そのなかのどなたか一人を取りあげると、他の先生にお目にかかったときに気まずくなるだろうという生来の小心者の臆病《おくびょう》さも働いてはいるのだが……。

夏目漱石の作品はどれも好きなのだが、どれか一作と言われれば、間違いなく『三四郎』をあげるし、実際、これまでも様々なところで、同じようなことを書いたり言ったりしてきた。『三四郎』は日本の青春小説の原点とされるが、同時にそれは、学生と師という者の関係を最初に記した小説だったのでもあるまいか。

夏目漱石は、一九〇五年に『吾輩は猫である』で小説家としてデビューし、『坊っちゃん』『草枕』などを書いたのちに、東京帝国大学の講師の職を辞して、朝日新聞社に入社、小説家として生きていく決意をする。『三四郎』は、その入社二年目、長編小説でいうと『虞美人草《ぐびじんそう》』に次いで、二作目の作品ということになる。

『三四郎』は、その後に書かれる『それから』『門』と並んで前期三部作の一つと言われているが、どちらかといえば『坊っちゃん』『吾輩は猫である』のユーモアと、『それから』『門』に見られる深い思索の中間点にある、過渡期の作品ということができるのではあるまいか。

過渡期の作品だから、小説としては多少乱暴なところがある。しかし、その乱暴さもまた私には魅力に映る。

青春小説の典型は、主人公が悩み、苦しみ、やがて成長していく姿を描く点にある。

しかし、この小説の主人公三四郎は、あまり成長はしない。迷うだけだ。そして読者は、この三四郎のフラフラとした迷いに共感する。あぁ確かに人間は、特に男は、女性を好きになったときに、こんなふうにフラフラしたり、相手の些細《ささい》な言動がとても気になったりするなぁと感じる。このあたりのリアルさが、『三四郎』という小説の、掛け値なしの魅力となっている。

しかし、『三四郎』が、いまも多くの読者に読み継がれているのは、この小説が、単に青春期の若者の迷い、苦悩を、ただそのまま描いただけではないという点にある。

前述の通り、この小説が書かれたのは一九〇八年、日露戦争に勝ってまだ三年しか経っていない時期なのだ。

この小説の有名な冒頭。

のちに広田先生として登場する謎の男と三四郎は、次のような会話をする。

「御互《おたがい》は憐《あわ》れだなあ」といい出した。「こんな顔をして、こんなに弱っていては、いくら日露戦争に勝って、一等国になっても駄目ですね。尤《もっと》も建物を見ても、庭園を見ても、いずれも顔相応の所だが、――あなたは東京が始めてなら、まだ富士山を見た事がないでしょう。今に見えるから御覧なさい。あれが日本一の名物だ。あれより外に自慢するものは何もない。ところがその富士山は天然自然に昔からあったものなんだから仕方がない。我々が拵《こしら》えたものじゃない」といってまたにやにや笑っている。三四郎は日露戦争以後こんな人間に出逢うとは思いも寄らなかった。どうも日本人じゃないような気がする。

「しかしこれからは日本も段々発展するでしょう」と弁護した。すると、かの男は、すましたもので、

「亡《ほろ》びるね」といった。――熊本でこんなことを口に出せば、すぐ擲《な》ぐられる。わるくすると国賊取扱《こくぞくとりあつかい》にされる。

バブルの時代、その繁栄から何の恩恵も受けず、無名の劇作家として社会の底に沈殿《ちんでん》していた私は、幾分の怨嗟《えんさ》の気持ちを込めながら、いつも「亡びるね」と呟《つぶや》いていた。

『三四郎』には、日露戦争以降の、日本人の精神状況が、まことによく描かれている。

坂の上の雲を求めて、必死になって急な坂道を上って、やっとたどりついた地点には、何もなかった。

明治維新以降ここまでは、国家と個人の幸福はほぼ一致していた。富国強兵、臥薪嘗胆《がしんしょうたん》、国家の目標に従って生きていけば、多くの人が少しずつ幸せになれた。明治というのは、そういう若々しい社会だった。

特に国の指導者や知識人たちは、自分の能力に合わせて努力を積み重ねていけば、それが自分の立身出世にもなっただろうが、同時に、国家の成長にも寄与することができた。すなわち「先生」(あるいは親や世間)の言うことを聞き、その希望に応えるように生きていけば、本人もまずまず幸せになれた。漱石もまた、そのような国家の期待を込めて、国費留学生としてロンドンに派遣されたのだ。

しかし、日露戦争以後、日本は、国家自体が大きな目標を失っていく。それまでは西洋に植民地支配されないために強い近代国家を作るということが、新生日本の大きな目的であった。しかし、ロシアとの戦争にかろうじて勝って、当面、日本の領土を脅《おびや》かす者はいなくなる。

当然のように、人びとの関心は、個々人の、個別の幸福へと向かっていく。このことを漱石は、やはり広田先生の言葉を通じて、以下のように書いている。

「近頃の青年は我々時代の青年と違って自我の意識が強過ぎていけない。われわれの書生をしている頃には、する事為《な》す事一として他《ひと》を離れた事はなかった。凡《すべ》てが、君《きみ》とか、親とか、国とか、社会とか、みんな他本位《ひと》であった。それを一口にいうと教育を受けるものが悉《ことごと》く偽善家であった。その偽善が社会の変化で、とうとう張り通せなくなった結果、漸々《ぜんぜん》自己本位を思想行為の上に輸入すると、今度は我意識《がいしき》が非常に発展し過《す》ぎてしまった。」(中略)

「ところがこの爛漫《らんまん》が度を越すと、露悪家同志が御互《おたがい》に不便を感じて来る。その不便が段々高じて極端に達した時利他主義がまた復活する。それがまた形式に流れて腐敗するとまた利己主義に帰参する。つまり際限はない。我々はそういう風にして暮して行くものと思えば差支《さしつかえ》ない。そうして行くうちに進歩する。英国を見給え。この両主義が昔からうまく平衡が取れている。だから動かない。だから進歩しない。」

広田先生の予言は、なかば当たる。

日露戦争以後、個人主義の風潮が増し、それは決して悪い面ばかりではなく、大正デモクラシーが花開く。しかし、さらにその反動から、一九三〇年以降になると、ファシズムが台頭し、個人の自由がいちじるしく抑圧されていく。

そして残念ながら、日本は、広田先生が望んだような「平衡」はとれず、先生のもう一つの予言通りに、「亡びる」。


バブル崩壊から二三年が経った。

『三四郎』が書かれた年の二三年後は一九三一年。この年、満州事変が勃発《ぼっぱつ》し、日本はやがて泥沼の十五年戦争へとのめり込んでいく。

この原稿を書いている二〇一三年五月、人びとはアベノミクスに踊り、若い世代には「バブルをもう一度」とはやす人までいる。バブル経済とは、実体経済を離れて株価や地価が上昇し、やがてそれが破綻《はたん》するまでを言うのだろうから、これは明らかに日本語の使い方自体が間違って伝わっている。

私たちは、大きな混迷の中にある。

大事なことは、三四郎と同じように悩むことなのではないか。個人主義と利他主義、自分の立身出世と社会への貢献、経済的繁栄と格差の広がり、そのような矛盾の中で揺れ動き、迷いながら、平衡を保って生きていく以外に進む道はないのだから。

先生は、もはや答えを与えてくれる存在ではない。


三四郎の中には、再三、迷子、ストレイシープという言葉が出てくる。

私たちは、みな、迷える子羊だ。

迷うこと、悩むことを怖れてはならない。

広田先生の教えは、その一点に尽きる。いや広田先生は、そのことさえ教えない。ただ三四郎を惑わせる、悩ませる。それが教師の仕事であるかのように。

前述した『三四郎』の冒頭の場面は、以下のように続く。

「熊本より東京は広い。東京より日本は広い。日本より……」でちょっと切ったが、三四郎の顔を見ると耳を傾けている。

「日本より頭の中の方が広いでしょう」といった。「囚《とら》われちゃ駄目だ。いくら日本のためを思ったって贔屓《ひいき》の引倒《ひきだお》しになるばかりだ」

思いがけず自分が大学の教員となって、すでに一三年になる。心がけていることはただ一つだ。

「とらわれちゃだめだ」

教師の仕事は生徒、学生を悩ませることだ。煙《けむ》にまいて惑わせることだ。世間が、見せかけの景気にわいているいまこそ、教師は学生に言わねばならない。「亡びるね」と。

ひらた・おりざ　一九六二年生。劇作家・演出家、大阪大学コミュニケーションデザイン・センター学科教授。第三九回岸田國士戯曲賞受賞。著書に『わかりあえないことから』他。

〈インタビュー〉

学問を武器にして生徒とわかりあう

太田 光
聞き手・池上 彰

先生の役目って何だろう

――この本のタイトルは、ズバリ『先生！』です。まず、「先生！」と言うと、何を一番に思い出すか、お伺いしましょうか。

太田 中学の、学級担任だった国語の先生かな。俺は不良でも優等生でもなくて、目立たないふつうの生徒だったので、ふつうにこの先生いい先生だなとか、この先生ちょっといやだなとか思っていました。先生との間には、わりと距離があって、先生にもそもそも期待もしていなかった。そんななかで、その国語の先生は、黒板に書く字がきれいで読みやすくて、しかも話もわかりやすかった。

――どういうところが好きだったんでしょう。

太田　頭のいい人だなと思っていました。僕らは『3年B組金八先生』のリアルタイムの世代で、夢中で見ていたんです。『金八先生』見て、実際にはあんな先生はいないから、なかには「いいよな、うちにもあんな先生がいればなぁ」なんて言うやつもいた。けれど、生徒だけじゃなく先生のなかにも、あきらかに『金八』を意識してる人もいたんです。たいした問題もないのに人生を語ったりするような、そういうわざとらしい先生もいるなかで、その人は、フラットな冷静な先生でしたね。

俺は当時ひどい偏頭痛《へんずつう》持ちで、一回始まると治まらなくて吐《は》いちゃうぐらいひどかった。それを先生がけっこう気にかけてくれて、修学旅行の時に頭痛に効くお守りを買って「おまえ、これ、頭痛だから」と渡してくれた。ふだんベタベタしないんだけれど、そういうところがすごく嬉しかった。

――最初に「先生にはそもそも期待していなかった」と言ったのは、なぜでしょうか。

太田　だいたい、学校で何かそんな大きなものを得られるって、考えていましたか?

俺は、学校ってただ行くものだと思っていた。行くものだから、行っていただけです。それだけ。勉強は嫌だな、とか思いながらね。いま、やけに学校に対して期待が大きすぎると思う。当時、確かに学園ドラマの中に熱血先生がいたりしたけど、ごくふつうの学校に通っているやつが、そこまで学校の先生に期待していたかな、と思います。

そもそも、学問って何だろう

太田　もともと学校というのは、国語とか算数とか、教科を教えるところでしょう。教科を教えるのが本業の先生に、何でも、先生、先生！って、人生だの生活指導だのまで教えろというのは無理がある、と思いますよ。しかも、社会に出たこともない新卒の若い先生が生活指導とか人生哲学とかを教えるなんて、そんなの無理に決まってるじゃないかと思う。

――確かに、本来学問を一生懸命学んだ人が先生になっているわけですからね。そうすると、学問の楽しさをうまく伝えてくれればいい、ってことですね。

太田　そう。算数にしたって物理にしたって、この世界の多くの現象を数字や数式で説明する学問ですよね。どうしてそうやって説明できるんだろう、と突き詰めていけば、人間ってどうして存在しているんだろうとか、宇宙ってどういう法則があるんだろうっていう話になる。つまり全部、哲学につながってくるでしょう。

――そもそも学ぶということが自分の生き方につながるとか、結局は哲学になるんだということを、きちんと教えてくれる先生がいてほしいけどいない、ということでしょうか。

太田　いないですね。本来だったら、ふだんの生活の中から湧き出た疑問、「これは何だろう」とか「何で俺たち生きているんだろう」とか、「何でテロが起きるんだろう」とか、そういう自分たちの本当に身近な、いま直面している問題からその理由や原因を探っていくことが学問なんだと思うわけです。なのに、そこから離れたところから入ってしまうから、学ぶ意味がわからなくなって、混乱してるんじゃないかという気がする。

――そういうなかで、学校の先生が、子どもたちに、その学問の面白さ、楽しさを伝えるには、どうすればいいんでしょう。

太田　やっぱり学校にそこまで期待しないほうが、正しいと俺は思うんですけどね。

押し付けられると、好きなものも嫌いになった

――例えば、太田さんは文章を書くのが好きだったわけでしょう。それは中学の国語の先生を見ていて好きになったんでしょうか。それとも、子どものころから好きだったんでしょうか。

太田 うちのおふくろは、いまだに朗読奉仕をやっている、文章を読むのが好きな、女優志願だった人です。子どものころは、夜寝る時の読み聞かせを毎晩やってくれて、それが楽しみでした。毎晩毎晩、「きょうはここまで」と言われて、次どうなるんだろう、と。だから、物心ついた時から物語が好きでした。それで自分で読むようになった。それで国語は何とか授業は聞いていられる。算数なんかは全然わからないから、好きになれない。そうすると、どうしても好きな先生は国語の先生になるんです。

ただ、いまから考えれば、国語でも「この主人公は何を言いたいんでしょう」とか聞く読解問題もありましたね。そんなの、どう解釈したって自由じゃないかといまは思うけど。

――その解釈や作文が嫌で、国語が嫌いになる子が、けっこういるんです。

太田 俺も、ものを書くのは好きだったけど作文は大嫌いだったし、夏休みの読書感想文と言われたとたんに本を読むのが嫌いになった。本は好きなのに、当時課題図書とされたものは、とても読む気がしなかった。三島由紀夫の『金閣寺』なんて中学校の時の推薦図書の一つで、挑戦したけれども、途中でやめちゃった。押し付けられたらやっぱり、読めないですよ。そもそも、中学生には難しいし。いま読むと「なるほど」と思うけど。

不思議なのは、太宰治にしても三島由紀夫にしても、課題図書に入っているけど、三島も太宰も自殺しているでしょう。問題にならないんだろうか。いま、学校で、いじめで自殺したことが問題になっていて、「でも、あいつらみんな、自殺だぜ」と思う。

——そう言えば、川端康成も芥川龍之介も自殺ですね。そういう視点は初めてです。

太田流「理想の学校」とは

——そうすると、学校はどうあるべきだと思いますか。学問をやることによって人生を考えるきっかけをつくるのが本来の学問で、学校という場はそうあるべきだと思いますか。

太田　理想を言うと、学校は独学がしやすい場所であってほしい。

身近な興味のあること、例えば「いじめ」から入ったっていい。なんで「いじめ」が起きるんだろうか、という問いから始める。それは教育という制度に問題があるんじゃないか、じゃあ、この教育制度はいつから始まったんだろう、それは戦後教育だ、と。歴史の問題になりますね。じゃあ、その戦後の前の戦争はなぜ起きたんだ、ということを知らないといけない。そうやってどんどん身近なところから辿《たど》っていけば、興味は持続していくんじゃないか。日本がいま、こういう全国的に統一された教育システムなのは、明治維新以降に学制ができてから、さらには戦後になってからなんだな、とわかる。つまり、興味のままに学んでいけば、それが学問だと意識もせずに、知りたいことを知っていけるんじゃないかと思うんです。俺はそれがいちばんいいと思う。

「いまいちばん気になっていることは何？」というのを最初にそれぞれが決めて、その問いからどんどん進めていく。こっちは物理に、こっちは数学に、こっちは日本史に、とそれぞれ進めて、質問に答えられる先生はそこにいるんだけど、生徒は自由に自分でそうやって学んでいく……。すごく難しいだろうけれども、俺はそういうことが理想だと思うんですよ。

「専門外」という仕切り

――私は昔、歴史は暗記科目だと思っていたんです。でも、いま太田さんが言ったみたいに遡《さかのぼ》っていくと、あれが起きたからこうなったんだよ、そうなったのはその前にあれがあったからだよ、とわかる。つまり、歴史は人間ドラマなんだ、因果関係なんだ、とわかるわけですね。

太田　そう。ほんとは全部つながっているはずなんですよ。なのに、学問を全部細分化してしまって、縦に割っちゃうから、「それは違う話」「それは専門外」ってことになる。いま、テレビで大学の専門家と一緒に番組をやっているんですが、わざと話を脱線させているのに「それは私の専門じゃないから」と、引き戻される時がよくある。でも、それは便宜上《べんぎじょう》分けているだけでしょう。本当は学問なんて一つの閉じたものじゃない。全部総動員しなきゃわかるわけがないことに、われわれはいま取り組んでいるんじゃないの、と思うんです。

本当は学問のこの仕切りはないほうがいい。けれど、ないと教えにくいから、教える側の論理で分けているにすぎないですよね。本当は、この仕切りがなくても教えられるなら、そのほうがいいと思う。

例えば、いまこうやって一応便宜上言葉にしていますけど、池上さんと俺がテレパシーでつながっていれば、言葉で意味を区切って説明する必要はないですよね。言葉なんて、伝えたいことを絶対に取りこぼすんだから。本当は頭をパカッとあけて「こういうことを考えています」と見せられればいいんだけれど、それができないから言葉にしている。その前提を忘れるから、「ここから先は僕の専門外です」となっちゃうんだと思うんです。

——携帯電話の赤外線通信みたいにデータ送信できればいいけど、できないから、いったん言葉にして相手に伝える、ということですね。でも、相手の持っている前提とこっちの持っている前提が違うから、言葉の意味を取り違えたりして、相当こぼれていく。しかし、直観をそのまま伝えられるかというと、できません。

「答え」より「問い」が大事

太田　そう。だから、意味をなんとか伝えるために言葉や数式が必要なんだけれども、でもその説明のほうにとらわれてしまうでしょう。あくまでもそれらは、言いたいことを伝えるための手段に過ぎないんだということを忘れてしまっているんじゃないか。

例えば、家庭の電化製品に説明書がついている。それは家電のための説明書だから、家電を使いこなせるのなら、なくてもいいものだけど、ちゃんとコントロールするためには必要なものではある。もともと、家電のための説明書なのに、いまは説明書のほうを重要だと思うようになってしまっているような気がするんです。

――あらゆる「マニュアル化」が、その現象ですね。もともとはお客さんのことを考えるためにつくったはずのマニュアルなのに、マニュアルにはこう書いてありますからこうします、こうはできません、という対応をしてしまう。なるほど。学問の体系が、ある種のマニュアル重視になってしまい本質を忘れてしまっているってことですね。

太田　きっと、そのマニュアルが権威を持ってしまったからですよね。テストは説明書を覚えているかどうかのチェックに過ぎない。それを覚えていることが重要だと思ってしまっているけど、それは先人たちの痕跡《こんせき》を追っているだけに過ぎない。「さあ、それを踏まえたうえで、おまえは何を見つけるか」がいちばん大事なはずなのに、「ここまで覚えました」が重要だと思ってしまっているんじゃないのかな。つまり、いまの教育は、答えを見つけることばっかりやっている。本当は、答えより問いのほうが重要なわけでしょう。

先生は「言葉で伝える」職業

太田　芸人も同じところはあります。芸人は「面白い」を、言葉でどうやって伝えるか、ということと向き合っていますから。

例えば、われわれ芸人は、「女の話はつまんない」と言うことがあります。女の子二人がキャッキャ、キャッキャ笑っている話って、よく聞いてみると全然面白くない――そういう意味なんだけど、でも、面白くないはずがないと俺は思うんです。だって、彼女たちはそれこそ爆笑しているんだから。そばで聞いていると、「つまんねぇことで笑ってるな。何が面白いんだ」と思う。けど、その二人にとっては、腹を抱えるほど面白い。そういう現象がそこにあることは事実ですよね。われわれにはわからない、わかる言葉ではない、というだけであって。

ただ、教師もわれわれも、ものを伝える立場の人間は、そのままではいけなくて、それをいちいち言葉にして論理化して説明しなきゃいけない。だからまどろっこしい。

でも、その「伝える」技術に長《た》けていることは重要だと思います。そのうえで、本来は言葉じゃなくて感覚だよねということを忘れないでいることも必要だと思う。われわれなんて、それを言葉にして、おじさん二人がやるわけだから、大変ですよ。

――おじさん二人で、それをどうやって言語化しているんですか。

太田　それは苦労していますよ。ネタを何度も練習して言葉を決めて、「……だったんだってな」より「……だったらしいよ」のほうがちょっと推測の意味がまじるし、とか、そういう作業を延々とやるんです。その状況をわからせることが重要ですから。

――「状況をわからせる」というのは言語化するということですね。それはとても重要なことで、子どもが学校を出て社会で生きていくためには、自分の思いや考えを言語化できないと、やっぱり厳しい。それは文科省がいう「生きていく力」にあたると思うんですが、そういう言語化する力というのは、学校時代につけなければいけないでしょうか。

太田　いや、今の子どもたちはそういうことはかなり訓練していると思います。この前もテレビを見ていたら、就職活動の面接の練習を、すごく一生懸命にやっているんです。状況が厳しいから、本当に難しいことだと思うけれど、でも、それでいいんだろうか。いわゆるマニュアルの言い回しとかがメインになってしまうと、中身が言葉のなかに逃げていっちゃう。だから、また別の言葉を、一生懸命探っていかなければいけない。

ある程度までは共通の言葉にはなるけれど、それ以上の真理を追求しようとしたら、マニュアルの言葉は役に立たない。だから、必要だけれども信じ過ぎちゃだめという、ことですね。そこが難しいところだと思います。つまり、教育というのは、相当難しいことにチャレンジしようとするものだと思うんです。

伝えたいことが伝わるってすごく幸福なこと

――太田さんが学校の先生だったら、いま言ったようなことを教えようとしますか。

太田　俺はとにかく自分のことで精一杯だから(笑)、ひとに何かを教えるという発想がない。ひとに教えたいというのはどういう感覚なのかな。池上さんだって結局、ひとに教えたいというより、自分で確かめているんじゃないの?

――そうですね。と同時に、こういうふうに言ってみんなが「へえ」と言ったら、「あっ、うけた」と思う(笑)。「へえ」と思ってもらえると大成功なんです。

太田　あ、通じた、わかってくれた、という感じね。やっぱり、ひととわかりあいたいという気持ちは誰しもあるからね。だから、学校の先生もコミュニケーションだと思う。先生はたぶん、もしかしたら——わからないですよ、いまの現場はわからないけれども、もしかしたら——ちょっと、その意識が足りないのかもしれないですよね。それはテストのための勉強になっちゃっているから、あるいはテストのための勉強をしなくちゃいけないから、なのかもしれないけれども。

でも、重要なのは、学問を教えることよりも、学問を武器にしてこいつらとわかりあえることだと思えば、ちょっとやり方は変わっていくかもしれない。生徒を「へえ」と感心させる。俺が言っていたことがわかった、伝わったと思う。その気持ちよさは、たぶん誰しも一緒じゃないかと思うんですね。自分が思っていることに共感してもらった時、「あっ、伝わった」というのは本当に幸福じゃないですか。

おおた・ひかり　一九六五年生。八八年に「爆笑問題」を結成。著書に『マボロシの鳥』、共著に『爆笑問題と考えるいじめという怪物』他。

池上 彰

1950年生まれ．NHKで記者，キャスターを歴任．1994年より11年間「週刊こどもニュース」のお父さん役を務める．2005年退社，以後フリーに．現在，ジャーナリスト，東京工業大学教授．著書に『そうだったのか！ 現代史』『伝える力』『先送りできない日本』『池上彰の政治の学校』『学び続ける力』ほか多数．

先 生！　　岩波新書（新赤版）1434

2013年7月19日　第1刷発行
2024年8月16日　第6刷発行

編 者　池《いけ》上《がみ》 彰《あきら》

発行者　坂本政謙

発行所　株式会社 岩波書店
〒101-8002 東京都千代田区一ツ橋 2-5-5
案内 03-5210-4000　営業部 03-5210-4111
https://www.iwanami.co.jp/

新書編集部 03-5210-4054
https://www.iwanami.co.jp/sin/

印刷・理想社　カバー・半七印刷　製本・中永製本

ISBN 978-4-00-431434-9　　Printed in Japan

JASRAC 出 1306554-406

岩波新書新赤版一〇〇〇点に際して

ひとつの時代が終わったと言われて久しい。だが、その先にいかなる時代を展望するのか、私たちはその輪郭すら描きえていない。二〇世紀から持ち越した課題の多くは、未だ解決の緒を見つけることのできないままであり、二一世紀が新たに招きよせた問題も少なくない。グローバル資本主義の浸透、憎悪の連鎖、暴力の応酬——世界は混沌として深い不安の只中にある。

現代社会においては変化が常態となり、速さと新しさに絶対的な価値が与えられた。消費社会の深化と情報技術の革命は、種々の境界を無くし、人々の生活やコミュニケーションの様式を根底から変容させてきた。ライフスタイルは多様化し、一面では個人の生き方をそれぞれが選びとる時代が始まっている。同時に、新たな格差が生まれ、様々な次元での亀裂や分断が深まっている。社会や歴史に対する意識が揺らぎ、普遍的な理念に対する根本的な懐疑や、現実を変えることへの無力感がひそかに根を張りつつある。そして生きることに誰もが困難を覚える時代が到来している。

しかし、日常生活のそれぞれの場で、自由と民主主義を獲得し実践することを通じて、私たち自身がそうした閉塞を乗り超え、希望の時代の幕開けを告げてゆくことは不可能ではあるまい。そのために、いま求められていること——それは、個と個の間で開かれた対話を積み重ねながら、人間らしく生きることの条件について一人ひとりが粘り強く思考することではないか。その営みの糧となるものが、教養に外ならないと私たちは考える。歴史とは何か、よく生きるとはいかなることか、世界そして人間はどこへ向かうべきなのか——こうした根源的な問いとの格闘が、文化と知の厚みを作り出し、個人と社会を支える基盤としての教養となった。まさにそのような教養への道案内こそ、岩波新書が創刊以来、追求してきたことである。

岩波新書は、日中戦争下の一九三八年一一月に赤版として創刊された。創刊の辞は、道義の精神に則らない日本の行動を憂慮し、批判的精神と良心的行動の欠如を戒めつつ、現代人の現代的教養を刊行の目的とする、と謳っている。以後、青版、黄版、新赤版と装いを改めながら、合計二五〇〇点余りを世に問うてきた。そして、いままた新赤版が一〇〇〇点を迎えたのを機に、人間の理性と良心への信頼を再確認し、それに裏打ちされた文化を培っていく決意を込めて、新しい装丁のもとに再出発したいと思う。一冊一冊から吹き出す新風が一人でも多くの読者の許に届くこと、そして希望ある時代への想像力を豊かにかき立てることを切に願う。

（二〇〇六年四月）

岩波新書より

教育

(2023. 7)

◆は品切，電子書籍版あり．　(M)

社会

岩波新書より